市政交通基础设施工程美学设计

——石家庄复兴大街市政化改造工程

王 佐 武 星 赵付安 任国杰 **主编**

中国建设科技出版社 有限责任公司
China Construction Science and Technology Press Co., Ltd.
北 京

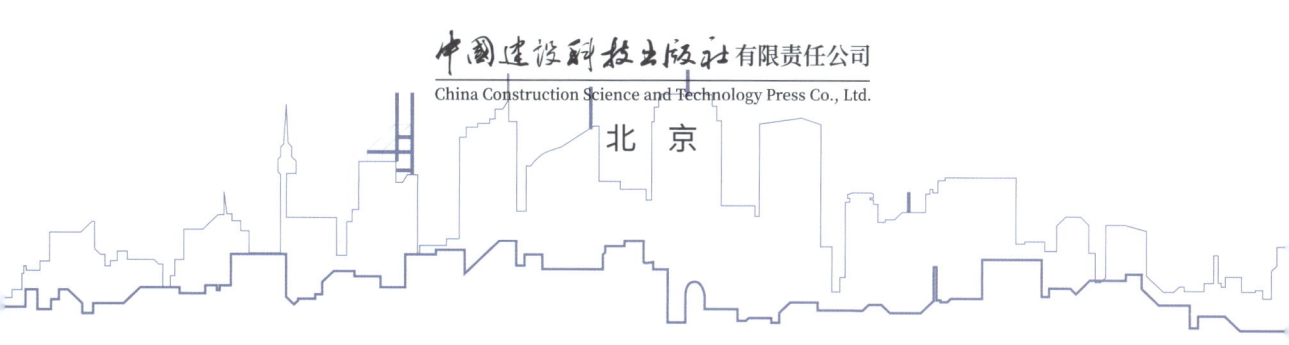

图书在版编目（CIP）数据

市政交通基础设施工程美学设计：石家庄复兴大街市政化改造工程/王佐等主编. --北京：中国建设科技出版社有限责任公司，2025.6. -- ISBN 978-7-5160-4475-9

Ⅰ.F512.722.1

中国国家版本馆CIP数据核字第20258NG753号

市政交通基础设施工程美学设计——石家庄复兴大街市政化改造工程
SHIZHENG JIAOTONG JICHU SHESHI GONGCHENG MEIXUE SHEJI
——SHIJIAZHUANG FUXING DAJIE SHIZHENGHUA GAIZAO GONGCHENG
王 佐 武 星 赵付安 任国杰 主编

出版发行：	中国建设科技出版社有限责任公司
地　址：	北京市西城区白纸坊东街2号院6号楼
邮　编：	100054
经　销：	全国各地新华书店
印　刷：	万卷书坊印刷（天津）有限公司
开　本：	787mm×1092mm　1/16
印　张：	10.25
字　数：	200千字
版　次：	2025年6月第1版
印　次：	2025年6月第1次
定　价：	78.00元

本社网址：www.jskjcbs.com，微信公众号：zgjskjcbs
请选用正版图书，采购、销售盗版图书属违法行为
版权专有，盗版必究。本社法律顾问：北京天驰君泰律师事务所，张杰律师
举报信箱：zhangjie@tiantailaw.com　　举报电话：(010) 63567684
本书如有印装质量问题，由我社事业发展中心负责调换，联系电话：(010) 63567692

本书编委会

主　编　王　佐（中交第一公路勘察设计研究院有限公司）
　　　　　　武　星（中交第一公路勘察设计研究院有限公司）
　　　　　　赵付安（石家庄交通投资发展集团有限责任公司）
　　　　　　任国杰（中交第一公路勘察设计研究院有限公司）
副主编　彭　程（中交第一公路勘察设计研究院有限公司）
　　　　　　李锋涛（中交第一公路勘察设计研究院有限公司）
　　　　　　梁桂文（中交第一公路勘察设计研究院有限公司）
　　　　　　付元坤（中交第一公路勘察设计研究院有限公司）

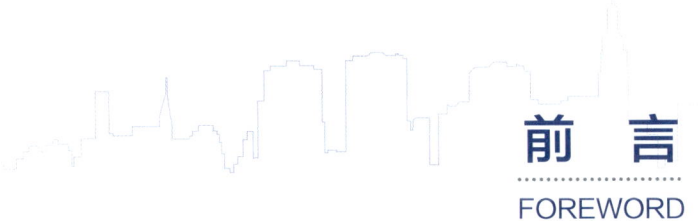

前 言
FOREWORD

近年来,我国市政交通基础设施工程发展迅速且成效显著,其在解决城市拥堵、改善出行条件、推动新型城镇化、促进区域协调发展等方面发挥了重要作用,正朝着更美丽、更高效、更智能、更绿色的方向迈进。其中,工程与美学、工程与景观设计的有机结合为道路、桥梁、隧道等市政交通基础设施工程美学的设计提供了宝贵的参考经验。

道路是一个城市发展运行的"血管",道路建设情况在一定程度上可以作为评价一个城市形象的标准。道路美学设计在道路建设过程中具有十分重要的意义。我国现阶段对道路美学设计方面的研究还处于起步阶段,未来需要借鉴一些优秀的研究成果,结合中国传统文化审美观念,综合运用自然科学和人文科学的知识,对道路绿化和道路景观进行细致且充分的研究。

如果说科技是桥梁建设技术的"硬核",那么,美学就是桥梁建设人文的"发动机"。随着20世纪90年代以来世界范围内城市化建设高潮的兴起,城市对桥梁造型艺术的要求越来越高,许多桥梁设计者将美学思想融入桥梁作品之中,给桥梁美学带来了新气象、新风貌。在新形势下,桥梁建设需要结合社会、城市和交通建设需求,捕捉桥梁美学新动向,建立桥梁美学理论体系,构筑当代桥梁美学主流思潮和特征,促进桥梁美学设计及实践健康发展。

隧道工程受其自身隐蔽性的限制,其美学设计研究相对其他工程较为滞后。但近些年,隧道美学设计已经引起了业内人员的关注。如今在隧道工程方案的招投标工作中,都会关注洞口构筑物的美观性和洞口景观特性,隧道美学设计已成为设计方案的重要组成部分。

本书在参考大量文献和学术专著的基础上,结合石家庄复兴大街市政化改造工程案例,对市政交通基础设施工程的美学设计基本知识、设计原则、设计要点和设计效果等进行了深入细致的阐述。

全书图文并茂,语言浅显易懂,适合从事道路工程、桥梁工程、隧道工程、市政工程和市政基础设施建设等领域的从业人员和工程爱好者进行阅读参考。全书分为4篇，分别为市政交通基础设施与工程美学设计、构筑物美学设计、夜景亮化设计和设计案例；包含9章内容，分别为市政交通基础设施工程概述、工程美学总体设计概述、道路工程、桥梁工程、隧道工程、附属工程、桥梁夜景亮化设计、道路夜景亮化设计和石家庄复兴大街市政化改造工程美学设计。第一主编王佐负责第1章～第3章的编写，并负责全书的统稿及前言的整理；第二主编武星负责第4章、第9章的编写；第三主编赵付安负责第7章、第8章的编写；第四主编任国杰负责第5章、第6章的编写。同时感谢其他副主编为编写本书做了大量数据、资料的搜集整理工作。

编者期望本书能够在促进读者更深刻理解市政交通基础设施工程的美学内涵和价值的同时，为美丽中国建设和发展贡献一份绵薄之力。

鉴于编者专业知识储备存在不足，加上时间仓促，书中内容难免存在疏漏之处，敬请广大读者批评指正。

编　者

2025.3

目 录
FOREWORD

····· 第一篇 ·····
市政交通基础设施与工程美学设计

1 市政交通基础设施工程概述 ·············· 2
   1.1 市政交通基础设施工程内容 ·············· 2
   1.2 市政交通基础设施工程美学设计 ·············· 6
2 工程美学总体设计概述 ·············· 14
   2.1 国内外工程美学设计研究 ·············· 14
   2.2 工程美学设计前期研究工作 ·············· 15
   2.3 工程美学总体设计内容 ·············· 30

····· 第二篇 ·····
构筑物美学设计

3 道路工程 ·············· 44
   3.1 道路空间美学设计 ·············· 44
   3.2 路面铺装美学设计 ·············· 46
   3.3 绿化景观美学设计 ·············· 49
   3.4 交通岛美学设计 ·············· 51
   3.5 防护与支挡美学设计 ·············· 52
   3.6 附属构件美学设计 ·············· 55
4 桥梁工程 ·············· 58
   4.1 桥梁的美学分类 ·············· 58
   4.2 桥梁工程设计原则和要点 ·············· 62

4.3 桥梁工程美学设计 ··· 63

5 隧道工程 ··· 67
5.1 隧道洞口美学设计 ··· 67
5.2 隧道洞内美学设计 ··· 73

6 附属工程 ··· 76
6.1 附属工程的分类 ··· 76
6.2 附属工程美学设计 ··· 81

第三篇 夜景亮化设计

7 桥梁夜景亮化设计 ··· 96
7.1 桥梁夜景亮化设计概述 ··· 96
7.2 桥梁夜景亮化设计内容 ··· 99
7.3 桥梁夜景亮化设计考虑要素分析 ··· 110

8 道路夜景亮化设计 ··· 113
8.1 道路绿化带的类型 ··· 113
8.2 道路绿化夜景亮化设计方式 ··· 114
8.3 道路设施夜景亮化设计 ··· 116

第四篇 设计案例

9 石家庄复兴大街市政化改造工程美学设计 ··· 120
9.1 总体美学设计 ··· 120
9.2 滹沱河特大桥结构美学设计 ··· 129
9.3 洨水公园特大桥结构美学设计 ··· 133
9.4 隧道遮光棚结构美学设计 ··· 135
9.5 滹沱河特大桥夜景亮化设计 ··· 140
9.6 附属工程美学设计 ··· 145

参考文献 ··· 152

第一篇 市政交通基础设施与工程美学设计

1 市政交通基础设施工程概述

1.1 市政交通基础设施工程内容

1.1.1 相关概念

1. 市政

市政，即市政主体作用于市政客体的过程，可以从广义和狭义两方面来理解。广义的市政是指城市的政党组织和国家政权机关为实现城市自身和国家的政治、经济、文化、社会发展而进行的各项管理活动及其过程；狭义的市政是指城市的国家行政机关对市辖区域内的各类行政事务和社会公共事务所进行的行政管理活动及其过程。

严格意义上的市政是城市与乡村分治、城市管理机构与乡村管理机构分设之后的产物。从一般意义上讲，自从产生了城市，便相应产生了对城市的行政管理活动，但当时城市与乡村是合治的，也没有专司城市事务的城市政府，因此严格意义上的市政是在城市政府产生后，城乡分治、市政与乡政明确分开后才出现的。

综上所述，市政是指国家在城市区域设置的政权机关，特别是行政机关，为实现城市自身和整个国家政治经济的发展，以各种手段对城市有关公共事务进行有效的管理活动。

2. 基础设施

基础设施（Infrastructure Basic Facilities）是指为社会生产和居民生活提供公共服务的物质工程设施，是用于保证国家或地区社会经济活动正常进行的公共服务系统。

3. 市政工程基础设施

市政基础设施也称为市政公用设施或城市公共设施，其内容十分广泛，有广义与狭义之分。广义的市政工程基础设施包括给水工程、排水工程、污水处理工程、内外交通、道路桥梁工程、电力工程、燃气工程、集中供热工程、消防工程、防洪工程、抗震防灾、园林绿化、环境卫生以及垃圾处理等。狭义的市政工程基础设施主要指城市建成区，以及规划区范围内的道路、桥梁、给水、排水、电力、燃气、供热、环卫设施等工程，是城市基础设施最主要也是最基本的内容。这里，狭义的市政工程基础设施即城市市政工程。

4. 市政交通基础设施工程

市政交通基础设施工程是指市政基础设施中有关公共交通的部分，包括城市道路、城市桥梁、城市隧道及其附属的照明设施、安全设施、公共停车场等内容。本书市政交通基础设施美学设计重点分析对象为道路工程、桥梁工程、隧道及其附属工程。

1.1.2 道路

1. 道路的概念

道路工程是城市中组织生产、安排生活所必需的车辆、行人交通往来的道路，是连接城市各个组成部分，包括市中心、工业区、生活居住区、对外交通枢纽以及文化教育、风景游览、体育活动场所等，并与郊区公路相贯通的交通纽带。

2. 道路的作用

城市道路是组织城市交通运输的基础，是城市的主要基础设施之一，是市区范围内人工建筑的交通路线，主要作用在于供车辆和行人安全、迅速、舒适地通行，为城市工业生产与居民生活服务。同时，城市道路也是布置城市公用事业地上、地下管线设施，街道绿化，组织沿街建筑和划分街坊的基础，并为城市公用设施提供容纳空间。城市道路用地是在城市总体规划中所确定的道路规划红线之间的用地部分，是道路规划红线与城市建筑用地、生产用地以及其他用地的分界控制线。因此，城市道路是城市市政设施的重要组成部分。

3. 道路的组成

市政（城市）道路由车行道、人行道、平侧石及附属设施 4 个主要部分组成。

（1）车行道

车行道即道路的行车部分，主要供各种车辆行驶，分为快车道（机动车道）和慢车道（非机动车道）两种。车道的宽度根据通行车辆的多少及车速而定，一般常用的机动车道宽度有 3.5m、3.75m、4.0m（设计车速高的用较宽的车道），无路缘者，靠路边的车道要适当放宽；非机动车道宽度为 2～2.5m。一条道路的车行道可由一条或数条机动车道和数条非机动车道组成。

（2）人行道

人行道是供行人步行交通所用的，人行道的宽度取决于行人的数量。人行道由数条步行带组成，一般宽度为 4～5m，每条步行带宽度为 0.75～1m，但在车站、剧场、商业网点等行人集散地段的人行道，应考虑行人的滞留、自行车停放等因素适当加宽。为了保证行人交通的安全，人行道与车行道应有所分隔，一般高出车行道 15～17cm。

（3）平侧石

平侧石位于车行道与人行道的分界位置，它也是路面排水设施的一个组成部分，同时又起着保护道路面层结构边缘部分的作用。侧石与平石共同构成路面排水边沟，侧石与平石的线形确定了车行道的线形，平石的平面宽度属于车行道范围。

（4）附属设施

① 排水设施：包括为路面排水的雨水进水井口、检查井、雨水沟管、连接管、污水管的各种检查井等。

② 交通隔离设施：包括用于交通分离的分车岛、分隔带、隔离墩、护栏，以及用于导流交通与车辆回旋的交通岛、回车岛等。

③ 绿化：包括行道树、林荫带、绿篱、花坛、街心花园等的绿化，为保护绿化而设置的隔离设施。

④ 地面上杆线和地下管网：包括雨污水管道、给水管道、电力电缆、燃气等地下管网，电话、电力、热力、照明、公共交通等架空杆线，以及测量标志等。

⑤ 其他附属构件：附属设施还包括路名牌、交通标志牌、交通指挥设备、消火栓、邮筒、树池、井盖、雨水箅子，为保护路基设置的挡土墙、护栏、护坡、停车场，以及加油站等。

在道路美学设计中，道路空间、路面铺装、绿化、交通岛、防护和支挡、其他附属构件等都是需要重点设计的部分。

1.1.3 桥梁

1. 桥梁的概念

桥梁是指在公路、铁路、城市道路建设中，路线跨越江河、深谷、海峡或其他构造物而建造的结构物。桥梁不仅是一个国家文化的象征，更是生产发展和科学进步的写照。改革开放以来，我国公路建设进入了以高速公路为标志的快速发展阶段，公路投资力度不断增大，而在市政工程基础设施建设中，桥梁是重要的组成部分，不管是从数量还是造价上，桥梁都占有重要的比例。

20世纪90年代以后，伴随着世界最大规模公路建设的展开，我国积极吸纳当今世界结构力学、材料学、建筑学方面的最新成果，城市桥梁建设得到极大发展，在长江、黄河等大江大河和沿海海域上建成了一大批具有代表性的世界级桥梁。桥梁等构造物在塑造公路的风格中扮演着重要角色，对环境、景观、历史及文化等产生影响。事实上，桥梁已经成为许多大城市的主要标志性建筑之一，是重要的旅游景点。上海的南浦大桥、香港的青马大桥、南京的长江第二大桥、旧金山的金门大桥等都丰富了城市风景，具有极高的美学意义和审美价值。

2. 桥梁的基本组成

桥梁由五大部件与五小部件（附属设施）组成。

（1）五大部件

所谓五大部件，是指桥梁承受汽车或其他作用的桥跨上部结构与下部结构，它们是桥梁结构安全性的保证。这五大部件具体如下。

① 桥跨结构（或称桥孔结构、上部结构）。它是路线遇到障碍（江河、山谷或其他路线等）中断时，跨越这类障碍的结构物。它的作用是承受车辆荷载，并通过支座传递给桥梁墩台。

② 支座系统。它的作用是支撑上部结构并传递荷载给桥台，它应保证上部结构在荷载、温度变化或其他因素作用下的位移功能。

③ 桥墩。它是在河中或岸上支承两侧桥跨上部结构的建筑物。

④ 桥台。设在桥的两端，一端与路堤相接，并防止路堤滑塌，另一端则支承桥跨上部结构的端部。为了保护桥台和路堤填土，桥台两侧常做一些防护工程。

⑤ 墩台基础。它是保证桥梁墩台安全并将荷载传至地基的结构物。基础工程

在整个桥梁工程施工中是比较困难的部分，而且常常需要在水中施工，因而遇到的问题也很复杂。

前两个部件是桥跨上部结构，后三个部件是桥跨下部结构。

(2) 五小部件（附属设施）

所谓五小部件是指直接与桥梁服务功能有关的部件，也称为桥面构造或附属设施。在桥梁设计中往往不够受重视，因而使得桥梁服务质量低下，外观粗糙。在现代化工业发展水平的基础上，人们对桥梁行车的舒适性和结构物的观赏性要求越来越高，因而国际上在桥梁设计中很重视五小部件，这不仅是"外观包装"，还是服务功能的直观体现。目前，国内桥梁设计工程师也越来越认识到五小部件的重要性。五小部件具体如下。

① 桥面铺装（或称行车道铺装）。桥面铺装的平整、耐磨、不翘曲、不渗水是保证行车舒适的关键。特别对在钢箱梁上铺设沥青路面的技术要求甚严。

② 排水防水系统。应能迅速排除桥面积水，并使渗水的可能性降至最小。此外，城市桥面排水系统应保证桥下无滴水和结构上无漏水现象。

③ 栏杆（或防撞栏杆）。它既是保证安全的构造措施，又是观赏的最佳装饰件。

④ 伸缩缝。它位于桥跨上部结构之间，或桥跨上部结构与桥台端墙之间，以保证结构在各种因素作用下的变位。为使桥面上行车舒适、不颠簸，桥面上要设置伸缩缝构造。尤其是大桥或城市桥的伸缩缝，不仅要结构牢固、外观光洁，而且要经常扫除掉入伸缩缝中的垃圾、泥土，以保证它的功能作用。

⑤ 灯光照明。现代城市中，大跨桥梁通常是一个城市的标志性建筑，大多装置了灯光照明系统，构成了城市夜景的重要组成部分。在桥梁美学设计中，桥梁灯光照明起着非常重要的作用。

1.1.4 隧道

1. 隧道的概念

隧道是埋置于地层内的工程建筑，是人类利用地下空间的一种形式。其基本特征：一是具有特定的使用功能，供车辆、行人、水流及管线等通过；二是有一定规模，通常两端有出入口，且长度远大于宽度和高度。1970年，经济合作与发展组织（OECD）召开的隧道会议综合了各种因素，对隧道给出的定义是："以某种用途，在地面下采用任何方法，按规定形状和尺寸修筑的断面积大于 $2m^2$ 的洞室。"

隧道工程有两方面的含义：一方面是指从事研究和建造各种隧道及地下工程的规划、勘测、设计、施工和养护的一门应用科学和工程技术，是土木工程的一个分支；另一方面也指在岩体或土层中修建的通道和各种类型的地下建筑物。

2. 隧道的结构组成

(1) 坑道

隧道是地下工程结构物，修建时，首先要将地层中的一部分岩土体开挖出来形成具有一定形状的地下空间,这种地下空间在没有设置人工支护结构时称为毛洞或坑道,而坑道周围的岩土体称为围岩。如果坑道周围的岩土体很稳定,则可能不需要修建任何人工结构物,坑道也能保持自身的形状不发生坍塌;但在大多数情况下,由于地层开挖后,改变了周围岩土体的受力平衡,坑道很容易发生变形、坍塌或有水涌入。为了保证坑道周围地层的稳定,保障交通安全,就需要修建各种人工结构物,包括隧道主体建筑物和隧道附属建筑物。

(2) 主体建筑物

隧道主体建筑物包括洞身衬砌和洞门建筑两部分。洞身衬砌的作用是承受围岩压力、结构自重和其他荷载,防止围岩坍塌、风化和防水等。洞门的作用是防止洞口坍方落石、保持边仰坡的稳定等。在洞门容易坍塌的地段,应接长洞身,或加筑明洞洞口。

(3) 附属设施

隧道附属设施的作用是保证隧道运营的安全与舒适,包括为运营管理、维修养护、给水排水、供蓄发电、通风、照明、通信、安全等修建的构造物。

1.2　市政交通基础设施工程美学设计

1.2.1　道路工程美学设计

1. 道路美学设计与城市空间布局

城市布局是城市规划设计历史中最悠久的一个专业领域,它的作用是实地确定城市或街区的空间布局。它要达到两个目标:提出城市或街区的概貌,这个概貌对城市或街区来说,起着标志特征的作用;确定有关工程的地点安排、建筑物的安置以及设计的规划。从这两个方面可以看出,城市空间布局工作对确定城市空地的用途和布局具有十分重要的作用。道路美学设计与城市空间布局相关内容主要包括以下几个方面。

(1) 道路网形式

① 矩形路网。矩形路网在我国又叫作棋盘式路网,它以规则的方格或矩形构成干道系统。其特点是道路十字相交,形状规则,建筑容易布置,道路方向性明确,容易识别,但对角的非直线系数较大,适用于中小城市。有些城市为了方便方格网对角线方向的交通,加设对角线方向的干道。但由于对角线干道形成三角形街坊与复杂的交叉口,对建筑布置与交通组织不利,所以一般很少采用。

② 辐射环形路网。辐射环形路网一般由旧城中心逐渐向外扩展,以市中心(区)向四周放射若干条主干道,在外围有一个或几个环路组成干道系统。这种形式适合解决大城市的过境交通问题,是大城市采用较多的形式之一。

③ 直线形路网。由于受到地形(如山岭、河流)的限制,城市处在狭窄的地带,这种条件下的城市路网可设计成直线形,有一条或两条长直线干道贯穿整个城市,它既是交通干道,又是商业中心,两端则联系着对外交通。

④ 自由式路网。自由式路网又叫作树枝形路网,一般是随地形自由伸展,顺

势而为，没有特殊规律。这种干道系统适用于地形较复杂的城市。

⑤ 卫星形路网。由于大城市的发展，城市的部分特殊功能的组成被布置在城市的周边，形成卫星城。这些卫星城都有干道或高速路与大城市相连，形成路网。

道路网是道路美学设计的基础。一个科学合理的道路网络，应同时考虑城市美学与城市建筑艺术，两者结合才有可能构成一个美丽的城市。

（2）道路的横断面要素

① 路面。高级路面常用的材料有水泥混凝土和沥青两种。水泥路面质感坚硬稳定，表面呈灰白色；沥青路面感觉柔顺舒适，表面呈黑色。另外，在特殊情况下，还可采用整齐的大条石铺砌，显得古朴厚重。在一些具有一定历史的小城，还保留着古时修建的碎石子路面。

② 路拱形式。水泥路面常采用直线式，也叫作屋脊式。当路面很宽时，可采用折线式。沥青路面一般采用抛物线式。这些与直线宜"刚"、曲线宜"柔"相吻合。

③ 绿化带栽植。道路绿化带一般按照一定的图案种植草皮和栽植灌木。当采用乔木进行绿化时，要注意其对街景视觉效果的分割。

④ 护栏形式与颜色。有些道路在双黄线和机动车与非机动车的分隔带上安装铁栅栏代替绿化，以减少道路用地。这些护栏一般造型简洁，宜刷白色等浅色油漆。

⑤ 路缘石高低。路缘石一般采用 16cm 左右的低站石，有些宽分隔带采用 30cm 左右的高站石。除功能需要外，不同的路缘石对视觉的冲击也不一样。

（3）道路横断面的主要形式

① 一块板形式。一块板断面形式简洁，功能上要求车流最小，行人过街方便，多用于步行街和城市支路。这种断面形式使街景完整，有亲切感。

② 两块板形式。在两块板形式中，由于中央分隔带的存在，因而有利于对向车流的安全行驶，也有利于布置照明设施。它适用于车流量较大而非机动车流较小的城市次干道，但不利于行人过街。由于中央分隔带将道路一分为二，容易使街景分散，难成整体，所以应恰当处理中央分割带的宽度、添加栽植的数量以弥补其带来的不利影响。

③ 三块板形式。三块板形式的路幅比较宽，适用于机动车、非机动车流量均较大的城市主干道。机动车流受干扰少，车速较快，相应地要求两侧建筑物的尺度也应大些，这种断面容易形成整体性较强的宽阔街道视野空间。

④ 四块板形式。四块板形式一般较少使用，因其用地较大。当城市既要建设景观道路，又要满足大交通量时，可采用此种断面形式。由于有三条绿化带，所以绿化内容和形式都很重要，应注意其整体性和协调性。

（4）城市道路空间

从街道美学的角度看，人在城市街道上行走或停留，除了受到前进方向上的景观和街道两侧建筑高度的影响外，还受到人行道对面的建筑立面的影响，它们往往成为人们视线的焦点。城市道路空间的分析应基于道路的速度特性和视觉特性。以低速度交通工具和步行使用道路者的视觉特点为主的道路，要求街道空间形成封闭的"走廊",这样才能抓住人们的注意力。对于交通主干道,应考虑机动车的尺寸和速度。主干道要求视线开阔,有方向感,两侧建筑的体量应基本保持一致,高层建筑考虑退让,适当的开放空间可以打破街道的单调感。

从视线集中的角度看,建筑高度与道路宽度的比例宜在1:1到1:3以内,而且比例越小,道路空间围合度就越强。这种空间比例关系适合于慢速交通的要求。城市街道宽度与两侧建筑高度的比例关系影响着街景的视觉效果。在一般情况下,城市道路宽度B与两侧建筑高度H的比(B/H)为1或2～3。当宽高比小于1时,道路街景显得狭小拥挤,有紧迫感,但又显得亲切,不生疏,容易接近;当宽高比大于3时,道路街景显得太宽阔。

所以,对于商业性道路,B/H宜小,这样空间才紧凑,才显得繁华热闹。对于交通干道,道路宽度和主要建筑尺度、体积都相应增大。城市主干道有着宽阔的车行道,一般都有机动车、非机动车分隔带或中央分隔带,两侧建筑大多为城市重要组织机构的大型建筑。显然,大体量的建筑与道路红线是协调的。在这种环境下的用路者主要是汽车,所以在高速运动中的驾驶员的视觉特性影响着人们对主干道街景的构思。

(5) 道路线形的连续性与方向性

道路线形的特征要求道路具有连续性以及空间特征。当人们能把道路区分开并获得对其环境的印象时,道路才具有区别于其他的个性。人们对城市的印象,主要是在道路上有方向性、连续性的活动所形成的,一切道路环境中的景观元素都依附于路。因此,好的道路景观就应该具有明确的方向感和标志性。

道路的连续性可以通过道路两旁的绿化形式、临街建筑的空间特征、建筑形式以及后退的道路红线等体现。此外,道路的连续性还表现在道路的运动感上,道路空间是动态环境,线形有直有曲,如汽车在高速运动中就可产生运动感。因此,道路的运动视差可以产生动态的视觉效果。而对于一条静态的长街来说,街名也可以使人们在心理上产生连续感。

方向性是城市道路的一个很重要的功能,在道路的终点可突出一些终点目标因子,强调它的结束或同其他道路的差别。城市道路具有方向性就便于度量,人们可以判断自己在城市中的位置,并根据自己的位置判断行程,这就是距离感。

2. 道路景观的美学设计要求

道路的建设除了对城市环境及城市交通产生影响外,还对景观视觉产生影响。在我国,景观与视觉环境质量作为一项环境保护质量指标已经受到高度重视。道路景观的美学效果具有以下几个方面的要求。

(1) 道路沿线建筑的协调性

在研究道路环境与建筑协调性问题时,不同交通条件下的视觉特性是分析的出发点。在车速较高的情况下,由于观察者观察方式的变化以及车速增大产生的道路尺度的变化,将使建筑与道路之间产生新的比例关系。

建筑群在不同线形上布置的艺术效果是不同的。一般情况下,直线形道路两侧的建筑可以有规律地布置。由于线型前方视线不受限制,视野开阔,从而容易形成一种雄伟严谨的气氛。但直线道路线形比较单调,在布置建筑群时可以考虑有规律的变化，从而形成节奏感。带有平面曲线的道路，由于视线的变化，道路景观也产生变化。此时，建筑布置要注意对曲线外侧的建筑处理，特别是注意视线的封闭。如果不封闭，就会使视线涣散，使曲线运动方向缺乏视线上的诱导。

(2) 道路沿线的轮廓线

城市轮廓线是城市设计的重要组成部分。城市的轮廓线就是城市的远景景观，是集合在一起的城市视觉形象。远景和轮廓线在夜晚的灯光下、在黎明或黄昏的朦胧阳光下，均有无穷的魅力。城市的轮廓线既可以依托蓝天白云为背景，也可以依托青山绿水为背景。总之，每一个城市都有其特殊的背景环境。而对于沿路轮廓线的评价就需要从其建筑和绿化等构成整体景观的连续性和协调性来考虑，避免过于生硬和突兀。

(3) 路面、栏杆的景观美学

路面设计首先考虑的是交通功能的需求，对路面材料、结构等加以选择，以提供有一定强度、耐磨、防滑的路面。然而，路面景观构成了道路景观平面的主要内容，是人们观赏的重要视觉要素。路面的色彩、材质与情感的联系最为密切，对不同材料的路面人们有不同的视觉和心理效果。路面除了满足功能需求外，还要创造一种动人的、合适的地面景观，以使道路与建筑、与整个环境融合起来。路面的道牙和标志线除了起到安全作用外，还是强化路线平纵线形特征的重要手段。分隔带与路边绿化用地是一种软质铺面，从景观上讲，在色彩比较单调的路面环境中，它对人们的视觉效果是一种极大的改善。

栏杆除了服务于交通的功能作用而要求安全、稳定外，其造型还是城市道路桥梁美学的重要组成部分。一般的栏杆造型应注意：远视效果与建筑环境造型相协调；线条简洁，适当变化；具有地方特色。

(4) 道路绿化的美学要求

道路绿化是构成城市道路景观的重要内容。它为原本生硬的城市道路环境增添了软质的景观，并对城市道路的特性进行了补充和强化。对道路绿化的美学评价可从以下几个方面进行。

① 道路绿化是否加强了道路特性。采用不同的绿化方式有助于加强不同的道路特性，从而使不同的道路区分开来。绿化既有助于加强道路视觉效果的连贯性，也有助于加强道路的方向性。

② 道路绿化是否强化了城市的地方特色。不同的城市具有不同的道路绿化方式和不同的树种。特色树种在城市道路绿化中的应用，将极大地展现浓郁的地方特色。这种特色对于观光者具有很强的感染力，也使城市居民由此感到亲切，更使城市具有独特的景观美感。

③ 道路绿化是否栽种了适宜的树种。各种绿化植物因具有不同的树形、色彩、香味、季相等，故而在景观上也会产生不同的效果。

④ 道路绿化是否与周围景观元素相协调。城市道路的绿化应根据道路性质、沿线建筑以及气候、地方特色等做整体考虑，仅栽植行道树很难收到好的效果。

⑤ 道路与建筑的缓冲带是否为绿化带。在条件允许的情况下，道路与建筑连接处可用绿化缓冲，也就是内部秩序与外部秩序的过渡带。

⑥ 道路绿化是否保证了道路的空间。道路绿化植物的枝叶不能侵入道路空间，以保证行车安全。

1.2.2 桥梁工程美学设计

1. 桥梁景观特点

（1）桥梁景观的技术美学

桥梁不能为绝对的美学景观，其首先是解决通行功能，并在技术可行与经济合理之间平衡，这是桥梁设计规范的基本要求。因此，桥梁景观设计必须符合桥梁功能、技术、经济要求，并以此为原则对景观构成元素进行美学调整。如桥型的美学比选，桥体结构部件的比例调整，桥梁线形与城市或大地景观尺度的和谐，桥梁的防护涂装与城市整体色彩的联系等。桥梁景观的设计以功用与技术为重，同时又必须考虑造型优美的特点即其技术美学特性。

当今的很多城市均将城市形象作为提升城市核心竞争力、表现城市"软实力"的主要手段。在城市重要区域的桥梁，其景观往往是表达城市形象的"点睛"之笔，桥梁在功能得以满足、技术也可行的情况下，对优美景观的追求往往成为第一考虑因素，所以，桥梁美与结构技术的关系就成为桥梁景观设计中的一种完美的结合。

（2）桥梁景观的时代性

我国桥梁的桥型设计具有强烈的时代特征。时代性有一层重要含义，即"新"，如新事物、新发展、新现象、新景观、新知识、新文化、新科技等，均可表达出设计作品的时代寓意。桥梁结构技术的科技特征及结构技术的不断更新，使桥梁景观具有深刻的时代烙印，如具有时代标志意义的南京长江大桥。由于桥梁在城市中具有的战略性地位，它一般也成为城市中的视觉识别要点，这就使桥梁景观对时代的表述延伸至城市。因此，把握好桥梁景观的这种特点，并恰如其分地在城市建设中加以发挥，是桥梁景观美学设计中需要高度重视的问题。

（3）桥梁景观的地域性

桥梁的空间跨越使交通立体化，而桥梁所跨越之处的地理、地貌或城市空间环境均有其特指性，桥梁与特定地点的地形、地貌配合，成为桥梁景观设计需重点考虑的方面。与特定的周边空间环境相配合，桥梁景观可以有机地融入环境，也使得为人熟知的环境空间与有发展寓意的桥梁景观间蕴生出具有地方性的景观意义。不少桥梁与城市的伴生，使其复合景观成为标榜城市独特性、唯一性的象征，如陕西的延安大桥与宝塔山、美国的布鲁克林大桥与曼哈顿，都是桥梁景观地域性的表现。

2. 桥梁美学设计原则

（1）技术美学原则

桥梁不能"唯美"，桥梁景观设计必须在符合桥梁功能、技术、经济要求的基础上进行美学设计。然而，人类的审美观念包含很多源于自然法则或符合数理逻辑方面的因素，一座具有良好结构受力特征的桥型，其本身就符合审美特征。良好的力学特征所蕴含的数理关系大多预示着一种美,这是桥梁美的重要内在因素。另外,桥梁巨大的跨度、强烈的形体表现力、超凡的尺度,均使人类感官产生深刻印象;人类对美的追求的本能也深化了人类对桥梁景观的美学感应。因此,尊重桥梁的技术美学是桥梁景观设计的先决条件。

(2) 功能优先原则

桥梁首先是为满足特定功能需要而建的,其功能包括桥面的通行功能与立交功能。桥梁一般建于视野辽阔的江河湖海或高楼林立的城市陆地之上,不仅为欣赏城市风光的人们提供了一个不可多得的角度,还构筑了一道城市风景线。桥面观景与地面观桥成为当今社会对桥梁提出的一种新要求,这是时代赋予桥梁的一种美学上的新功能。上述功能在桥梁上应有良好结合且不能相互干扰,这便是功能优先原则。当然,桥梁的功能还不仅仅限于前面列举之范畴,如桥面合理的色彩可以减轻司机行驶时的视觉疲劳感,从而成为增加行车安全性的要素。另外,桥塔独特的形象可提高水面通航的标志性,使航道更加显著等。所有这些功能的构成要素在桥梁景观设计中均具有优先地位。

(3) 环境与生态保护原则

当桥梁处于生态敏感而又脆弱的区域,大规模的土石方工程易导致水土流失,不适宜的桥型有可能阻断自然的生态过程,故其设计应保护环境,这是环境与生态保护原则的基本含义。因此,现代桥梁还衍生出一种具有生态功能的新含义。桥梁可以作为一种保持土地连通与景观连续的生态设施,使为道路所分割的土地之上的生命与基因交流得以保持,使地面生存的物种能扩大其活动空间,从而为营造人与自然和谐的生存环境服务。因此,在桥梁美学设计中,应对桥位周边环境以及流域的生态系统进行妥善的保护,而不应以生态平衡的破坏和环境的退化为代价,避免对环境和生态造成不可修复的硬伤。环境与生态保护原则是在全民环境意识觉醒之后提出的一条重要的设计原则。

(4) 景观创新原则

桥梁因其大空间跨越所带来的物质景观震撼及其景观的异质特点而有成"名"的天性,这便是其地标意义所在。桥梁地标要升格为城市标志,则需另外一番关于景观方面的思考,即在注重桥梁与城市景观尺度和谐的同时还要追求景观的创新。桥梁一般位于城市的结构要害处,其景观会对城市形象产生重大影响,桥梁设计若结合具有创新特点的新技术、心灵感染作用的地域文化、视觉审美作用的独特造型,则可对城市景观产生不同凡响的作用。该类桥梁不仅可点缀出城市的时代特征,还因其特色而具备升华为城市标志的条件,并对提升周边的环境品位,促进周边土地资源价值的综合发挥,甚至对城市旅游活动的开展均有重要影响。这是桥梁美学设计坚持景观创新原则的基本原因。

1.2.3　隧道工程美学设计

1. 隧道洞口景观美学分类

隧道洞门作为隧道设计的一个重要组成部分,其洞口的景观设计也至关重要。

每一座隧道洞口的设计,最终会成为道路上的一个景观,景观设计的好坏直接影响整个隧道的品质。从隧道的发展来看,洞口的景观已经不仅局限于交通这一单一的功能,还包含旅游观光、生态保护等多项功能,不仅极大提升了隧道的地位,对隧道的美学设计也提出了更高的要求。另外,隧道洞口景观美学设计在提升地域价值上扮演着重要的角色。

(1) 隧道洞口景观的形式美

隧道洞口景观的形式美,不仅是指狭义上的洞门造型之"美",更体现在洞口多维角度视野范围内的所有个体造型之美;不仅体现在个体上,更体现在整体造型上,其布局着重考虑与周围环境相融合。隧道洞口造型包括显式人工造型(明显的人工构造物)、自然造型和隐式人工造型(人为绿化恢复、内敛式人工构造物),不同造型可给人以不同的感受。总体而言,城市隧道洞口景观之美应具有"简、整、奇、韵"审美视觉特征。"简",美的形应具有简洁的特征,简洁的形给人以明确的印象和大方美感。"整",形不琐碎、无枝杈,隧道洞口景观在造型时去掉细微的变化,使形体具有整齐划一、醒目、大方的特点,给人以鲜明的印象;装饰设计不仅是调整轮廓,而且要舍弃不必要的细节,对所保留的细节归纳概括,以"整一"的效果呈现出来。"奇",在隧道洞口景观艺术中,"奇"是指奇特之形,反常规之形。奇形往往具有奇趣,它给人一种奇妙的感觉。"奇"与妙常结合为一体,充分显露出艺术家的智慧。例如,云南野象谷隧道洞口景观,洞门装饰为傣族公主冠,金光灿烂;洞口的弧形恰好和帽的弧度一致,形象地展现了西双版纳独特的傣族文化。"韵",隧道洞口景观艺术中的形体具有独特的韵,不呆板,有生命的律动,蕴含风致与情调。例如,隧道洞口景观墙边缘设计为弧线,可以减轻隧道的压抑感,和山势的舒缓弧线相协调,整体和序列统一使其有节奏上的韵律,景观整体自然协调。

(2) 隧道洞口景观的韵律美

节奏与韵律是构成音乐的主要元素,对于实际工程的设计形式和风格,也同样需要把握节奏与韵律感。无论是平面图形的方圆曲直、渐次或间歇的大小变化,还是立体造型的高低、长短的渐次起伏,运用节奏和韵律的形式美法则,都会获得像优美乐章一样有节奏韵律感的工程建筑。景观形象通过一定的装饰艺术,采用造型、线条、色彩、构成等方式表现出大小、明暗、动静、虚实、曲直、冷暖等有序的节奏变化,形成抽象的韵律美。美的韵律有一条绝对的原则,就是连贯性,节奏与韵律隐含在这种连贯性中,这是一种抽象的秩序,它甚至将视觉升华为听觉,使人陶醉在情感世界中。因此,隧道洞口景观设计应充分体现其形式上的节奏与韵律美感,给人以美的享受。

(3) 隧道洞口景观的自然美

隧道的建设是对自然环境的人为破坏,所以恢复自然的生态系统,构筑与工程周围环境相协调的景观,是隧道洞口景观艺术创作的重点。随着生态环保意识的深入人心,洞口的建设也应尽可能地保护自然资源并使其得到合理的利用,降低对生态环境的影响程度,协调人与自然的关系,做到人与自然和谐相处,充分体现可持续发展的战略理念,给人营造一种环境美。隧道自然生态之美,是隧道洞口结合周围环境给人们呈现的一种自然状态下的意象世界，给人们以自然恬淡的享受。

隧道洞口景观设计应尽量与沿线景观、自然环境相协调，在景观设计处理上尽量做到亲近自然，运用景观融合理念，让隧道洞口景观与周围的自然景观有机融合，充分表现隧道洞口景观的自然美。同时应充分体现"人与自然和谐发展"和"可持续发展"的理念，实现隧道洞口景观设计与环境保护协调发展，建立隧道洞口景观设计与环境保护同步的新理念。

（4）隧道洞口景观的文化美

文化与艺术是景观艺术中表现较多的内容，并具有典型而鲜明的艺术特征，它不仅真实而生动地描绘了民俗风情，表现了人类对生命的热爱和对真善美的不懈追求，而且还充分展示了人们生机勃勃的精神风貌，折射出民族文化的灿烂光辉。隧道洞口景观的文化美就是洞口向人们展现的当地传统文化、历史事件以及风土人情等文化符号。作为隧道的窗口，人们判断隧道洞口设计的成功与否，不仅注重其使用价值，也注重其美学价值，因为人们关注的焦点会集中在隧道洞口景观的形式美、韵律美、自然美、文化美等美学方面。隧道工程美学设计工作者应对隧道景观的文化美具备深刻的理解和认识，同时将相关理论知识付诸工程实践活动中。

2. 隧道洞口景观美学设计思路

结合隧道洞口的景观特点和景观因素，在充分考虑隧道洞口景观设计基本理念和基本原则的基础上，按照层次设计方法将隧道洞口景观设计分为三个层次。

（1）第一层次

在同一景观设计路段中，整体上综合考虑包括道路隧道桥梁及其附属设施等在内的全线景观。就隧道洞口设计而言，要根据目标隧道的景观设计重要性等级，确定全段洞口总体设计风格。总体设计也是概念设计，首先，进行洞口影像采集、地表测绘隧道洞口调查；其次，考虑目标隧道景观设计重要性等级，结合自然景观设计、人文景观设计、工程结构物景观设计；最后，确定全段洞口总体设计风格，定出洞口景观设计基调及总方案。

（2）第二层次

按照第一层次中的总体设计要求，确定洞门的具体类型、洞门装饰手法和洞口绿化方法，洞口铭牌、过渡段道路及附属设施、隧道附属设施、隧道周边绿化及造景的具体设计等，其中，洞门形式的设计是洞门作为构筑物的主要设计内容，是设计的血脉和骨架。

（3）第三层次

考虑洞口范围内的整体协调性、色彩协调性等要素对周边结构物的形体参数、绿化参数等细节进行处理，对色彩进行最终的设计。

2 工程美学总体设计概述

2.1 国内外工程美学设计研究

广义而言,工程美属于社会美的范围,是社会美的一个特殊范畴。工程美学是美学在工程科学中的应用,是科技工程与美学的结合,是将工程构筑物的实用要求与审美要求相统一,集实用价值与欣赏价值于一体,融合了功能美、艺术美、生态美与人文美的科学。工程美学主要运用美学的基本原理和规则,探讨工程设计、施工过程的美学问题,工程作品的美学问题,以及工程作品与环境关系中的审美问题。

2.1.1 国外研究

国外工程美学的研究历史较长,涵盖的范围也十分广泛,包括工程美学的定义、功能、价值等。

从 20 世纪 20 年代开始,美国就在当地的工程项目建设中考虑了特殊的景观设计元素,聘请景观建筑师系统地参与到公路设计团队当中,其主要任务是处理好公路设计与景观设计、建筑、文学艺术等的协调关系。1931 年,弗·劳·赖特在论文《给从事于建筑的青年》中较系统地提出工程美学定义及作用,大量的建筑行业青年纷纷投入追捧工程美学的热潮,工程美学也开始向大众普及。

20 世纪 70 年代,随着景观色彩的发展,地理学理论孕育而生。以美国为代表的西方发达国家,依托当地城市文化,进行地方性的地域特色收集研究,以特色文化底蕴为背景,修建了带有景观色彩的加利福尼亚公园隧道。1978 年,罗杰·斯克鲁顿认为建筑美学不同于一般的美学形式,它应与工程技术相结合,从结构力学与工程经济学理性的层面来审视工程美学,通过建筑装饰获得美感,使其本身更具有美学价值。建筑工程美学的研究与创新作为一个新兴行业,开始走向正轨。

2.1.2 国内研究

20 世纪 80 年代,已开展"交通美学"的研究。20 世纪 90 年代,建设者们对公路景观的研究思路发生了转变,"以人为本"的原则逐渐被纳入公路景观设计中,除了功能性的设计,更加注重对人的生理和心理舒适性的研究。北京工业大学任福田教授在《交通工程学》中提出,道路设计应把交通需求和使用者心理反应特征相结合,从动态的角度构建不同的线路要素,实现工程美感。

2007,由中国工程院专业学者编写出版的《工程哲学》一书初步关注到了工程美学的问题,并在"工程文化的特性"一节中阐述了工程文化的审美性。随着《工程哲学》《工程演化论》等一大批工程哲学方面的论著出版,以及科学技术工程三元论、工程演化论、工程本体论、工程方法论等工程哲学范畴的研究,工程哲学所探讨的问题逐渐细化。然而，在工程美学的研究上依旧停留在"应当"阶段，学者们大量的工作在于阐述工程美学的必要性，缺少从美学基本问题出发深入探讨工程美学创造及鉴赏的基本规律。

2.2 工程美学设计前期研究工作

2.2.1 人文环境

在工程美学设计的研究中，人文环境起着至关重要的作用。它不仅与自然环境相互影响，共同塑造着人类生活的空间，还深刻地影响着人们的审美观念和设计实践。下面将深入探讨人文环境的各个维度如何作用于工程美学设计，并提出如何在工程设计中巧妙地融合人文元素，以满足现代社会对美的追求和精神需求。

1. 历史背景

（1）建筑风格

每一种建筑风格都是时代文化和艺术的独特体现。古代的罗马建筑风格可能会启发设计者借鉴其雄伟和永恒的特质，而巴洛克风格则可能激发出设计者对于复杂装饰和戏剧性效果的独特兴趣。通过深入研究多种建筑风格，设计者能够创造性地运用历史元素，为现代工程设计注入新的生命力。

（2）城市演变

城市演变和建设的历史对于工程美学有着深刻的影响。从古老的城堡和城市规划到现代的城市化趋势，城市发展历史为设计者提供了丰富的参考。通过理解城市的演变，设计者可以更好地考虑如何在现代工程设计中融入城市的文脉，创造既具有现代性又不失历史感的空间。

（3）技术演进

技术的演进也在不断地塑造着建筑和工程设计。例如，工业革命时期的结构工程创新、现代数字技术的应用等都为工程美学提供了新的可能性。借鉴过去技术的发展轨迹，结合当代的技术手段，设计者可以打破传统的设计界限，创造更富有新意和功能性的工程美学。

（4）文化交融

历史背景中的文化交融是一个重要的方面。在不同历史时期，各种文化相互交流，形成了独特的文化融合现象。这种文化融合为工程设计提供了跨越时空的灵感。通过挖掘不同文化之间的互动，设计者可以创造出融合多元元素的独特作品，展示历史的丰富性和多样性。

（5）遗产保护

遗产保护和修复工程也是历史背景中的一个重要方面。通过修复和保护历史建筑，设计者可以学习传统建筑技艺和材料应用，将这些传统元素巧妙融入现代设计中。这不仅有助于维护文化遗产，同时赋予了工程美学独特的历史价值。

在设计中结合这些历史背景元素，设计者可以创造出既具有独特历史感又符合现代审美的工程美学作品。

如悉尼歌剧院的设计灵感来源于古代和现代多种建筑风格的融合。丹麦建筑师约恩·乌松设计的悉尼歌剧院，其独特的贝壳状屋顶受到中国帆船和玛雅神庙的启发，同时也融入了现代结构工程的创新。乌松通过对各种建筑风格的深入研究，创造了一个既具有历史感又极具现代美感的建筑奇迹。悉尼歌剧院不仅成为澳大利亚的标志性建筑，还被联合国教科文组织列为世界遗产，展示了建筑风格在工程美学中的重要性。

巴塞罗那的扩展区（Eixample）是城市演变的典范，由工程师伊尔德方斯·塞尔达设计于19世纪中期。扩展区采用了现代网格状的城市规划，同时保留了巴塞罗那古老的哥特式建筑风格。塞尔达在设计中考虑了城市历史和未来发展的需求，通过宽阔的街道和大量的公共空间，成功地融合了现代性和历史感。扩展区的设计不仅改善了城市的交通和居住环境，还成为世界上最具影响力的城市规划之一。

2. 社会文化

社会文化在工程美学中扮演着不可或缺的角色，其丰富多彩的层面涉及社会结构、文化传统、宗教信仰和民俗习惯。通过更深入的探讨，我们可以更全面地理解如何通过工程设计来反映社会的多样性、包容性和可持续性。

（1）社会结构

社会结构的多元性需要在工程美学中得到充分体现。不同职业群体对空间的需求各异，因此设计师应当深入了解这些差异。例如，在住宅区的规划中，需考虑到不同收入水平的家庭，创造既实用又舒适的居住环境。此外，公共空间的设计也应当注重社交需求，通过布局和设计元素促进社区互动。

定制化空间：针对不同职业的需求，提供定制化的空间，如共享工作空间、社交休闲区等。

多功能设计：公共空间的多功能设计，适应不同社会层级的需求，例如集市、户外表演场地等。

（2）文化传统

文化传统是社会的灵魂，工程设计应当尊重并传承这些宝贵的文化遗产。当地手工艺的传承可以通过在建筑中融入当地手工艺元素来实现，从而打造独具特色的工程。此外，支持文化活动和庆典，如艺术展览、文化节等，不仅为社区提供娱乐，也促进了文化的繁荣。

手工艺展示区：在建筑内设立手工艺展示区，向公众展示传统手工艺的制作过程。文化活动场地：设计一个多功能的文化活动场地，可用于举办各种文化庆典和社区活动。

（3）宗教信仰

宗教信仰是社会的重要组成部分，而宗教建筑的设计则需要更深刻的思考。设计师要追求宗教建筑的包容性，使其成为各种宗教信仰的和谐空间。同时，审慎运用宗教符号，避免可能引发冲突的设计选择。

宗教符号的融合：将不同宗教的符号巧妙融合，传达出和平与共生的设计理念。

跨宗教场所：创造一个适合不同宗教仪式的场所，以促进不同信仰群体的共同参与。

（4）民俗习惯

民俗习惯是社区的生活之魂，通过在工程设计中融入这些元素，可以使建筑更加贴近社区的日常生活。设计师可以考虑通过艺术装置或景观设计，将当地的民俗故事和传统呈现出来，加深居民对社区的归属感。

民俗艺术展示：设计一个专门展示当地民俗艺术的区域，通过展览、互动等形式呈现社区的传统。

社区庆典广场：创建一个用于举办社区庆典的广场，为居民提供共享欢乐时光的场所。通过深化对社会文化各层面的理解，设计师可以更好地融入当地的特色和需求，创造出既具美感又具有社会参与性的工程美学作品。

3. 现代生活

在现代社会，生活方式的急剧变化对工程美学提出了全新的挑战。设计师需要深刻理解现代人的生活方式、审美趋势和社区互动，以确保工程设计不仅紧跟时代步伐，还能够贴近个体需求，创造出既实用又美观的空间。

（1）生活方式

科技的迅猛发展和社会结构的变革导致了现代人的生活方式发生了根本性的变化。在住宅区规划中，设计师应该考虑到居民追求居家办公的趋势，因此可以打造灵活的空间，满足居民在家工作的需求。同时，公共建筑的设计也需要适应现代人对高效便捷生活的追求，例如，在购物中心引入智能科技，提升居民购物体验。

现代生活方式的变化要求灵活的空间规划。设计师可以通过创建多功能区域，满足居民灵活的工作和生活需求。引入数字技术，为居民提供智能化服务，使其生活更加便捷。

（2）审美趋向

全球化和数字媒体的发展使得不同文化的审美趋向开始相互融合。设计师需要紧跟时代潮流，敏锐捕捉到这些趋势。在建筑外观和内部装饰方面，可以吸收多元文化的精髓，创造出富有当代感的设计。

设计师可以融入全球化的设计元素，使建筑外观与国际接轨。同时，巧妙地融入本土文化元素，打造独特而富有个性的空间。通过对色彩、材料和形式的创新运用，使设计作品既能满足当地居民的需求，又能在全球范围内引起共鸣。

（3）社区互动

现代城市生活强调社区的互动和活力。设计师在公共空间的规划中要考虑如何促进人们的聚集、互动和参与社区活动。公共空间不仅是居民休憩的场所，更是文化交流和社区建设的平台。

设计开放式的社交活动场地，能够鼓励居民交流和互动。创建文化活动中心，定期举办各类社区文化活动，不仅能拉近居民关系，还能丰富社区的文化生活。通过设计，使公共空间成为社区成员之间联系的纽带，增强社区凝聚力和活力。

如丹麦哥本哈根超级线性公园是一个致力于促进社区互动和文化交流的公共空间项目，由丹麦的比亚克·英格尔斯组（Bjarke Ingels Group，BIG）建筑事务所设计，公园分为红区、黑区和绿区，每一区域都有独特的功能和设计元素，鼓励不同年龄和背景的居民进行互动。公园内的设计融入了来自世界各地的文化元素，如日本的秋千、摩洛哥的喷泉等，反映了当地社区的多样性。通过这些设计，该公园不仅提供了丰富的休闲活动场所，还成为社区文化交流和互动的平台，增强了社区的凝聚力和活力。

4. 人文需求

人文需求是工程美学中不可忽视的方面，直接关系到建筑空间如何满足人们的心理和情感需求。深入了解和尊重项目所在地的历史背景、社会文化、现代生活及人文需求，对于创造既美观又富有情感共鸣的工程作品至关重要。

（1）心理需求

工程不仅要满足实用性，还要关注人的心理需求。空间和环境的设计应当考虑到人的情感体验，如舒适性、安全感和归属感。通过精心设计，建筑物可以成为人们情感寄托的场所，提升生活质量。

舒适性设计：通过合理的布局和室内设计，创造出舒适、温馨的居住和工作环境。

安全感营造：考虑到建筑结构的稳固性和安全性，使居民在空间中感到安心。

（2）情感需求

情感需求是指人们对建筑和空间产生的个人或集体的情感联系。设计师应努力创造能够触动人心、引起共鸣的空间。这样的设计不仅令人愉悦，而且能够激发用户的情感参与和回忆，增强对空间的认同感。深化设计手法为艺术元素的运用。在设计中引入艺术元素，如雕塑、壁画等，提升空间的艺术性和情感表达。

自然元素的融入：利用自然光、绿植等元素，创造自然、宁静的氛围，促使人们在空间中产生愉悦感。通过更深入的思考和设计，工程作品可以超越纯粹的实用性，成为人们情感共鸣和情感寄托的载体，为社区创造出更加温暖、和谐的环境。

如石家庄复兴大街滹沱河特大桥桥下空间绿化工程设计，如图2.1所示，其位于复兴大街主轴线的田园活力体验区，因此设计中需要考虑行人和自行车的通行需求，为桥梁设置人行道和自行车道。此外，增加休憩区、观景平台等设施，让人们可以在桥上欣赏风景、休息和拍照。

图2.1　滹沱河特大桥桥下空间绿化工程设计

综上所述，工程美学的深入研究涉及多个方面，其中人文环境扮演着至关重要的角色。通过对历史背景、社会文化、现代生活和人文需求的探讨，我们深刻认识到在工程设计中融入人文元素的重要性，总结如下。

① 在历史背景方面，建筑风格和文化遗产成为设计的灵感源泉。通过深入研究建筑风格的历史脉络和尊重文化遗产，设计师可以创造出既具有传统韵味又符合现代审美的工程美学作品。

② 社会文化的考量使得设计师需要更深入地理解社会结构、文化传统、宗教信仰和民俗习惯。这种全面的了解有助于创造出具有社会包容性和文化深度的工程设计，为社区带来更丰富的体验。

③ 现代生活的快速变迁对工程美学提出了全新的需求。设计师需要关注现代人的生活方式、审美趋向和社区互动，通过灵活的空间规划和创新的设计手法，满足当代社会的需求。

④ 人文需求则直接关系到建筑如何满足人们的心理和情感需求。通过关注心理需求和情感需求，设计师可以创造出更具人性化和情感共鸣的空间，提升居民的生活品质。

2.2.2 自然环境

工程美学不仅反映了人们对美的追求，同时还强调了人与自然的和谐共处。在现代工程项目中，设计师必须深刻理解自然环境与工程美学设计之间的联系，在设计规划中使建筑与自然环境相融合。

1. 地理特征

在进行工程美学前期研究时，深入了解项目所在地的地理特征是至关重要的。地理特征涵盖了地理位置、地貌和气候等因素，对于工程美学设计产生深远的影响。以下将详细探讨地理特征在研究中的重要性和具体应考虑的方面。

（1）地理位置

项目的地理位置是其整体背景的关键组成部分。第一，需要明确项目的经纬度坐标，以便在设计中精确考虑日照、风向等因素。第二，了解项目所属的国家和地区，可以帮助预测当地政治、法律和文化环境对工程美学的潜在影响。地理位置也直接影响到项目的可达性，这对于交通规划和可持续性设计提出了挑战，同时也提供了机遇。

（2）地形地貌

地貌特征是自然环境中的显著元素，对于工程美学设计具有深远的影响。地形地貌是塑造工程设计和美学的基础条件之一。崎岖的山地、平坦的河谷、广阔的平原，每种地形都为工程设计提出了不同的挑战，同时也提供了机遇。山脉、平原、河流、湖泊等地形因素将直接塑造项目的景观。在考虑地貌时，需要分析其对日照、水资源利用和生态系统的影响。

山地地区常见的工程问题包括边坡稳定性、地基承载力以及防灾减灾措施。山地建筑设计需要考虑地震、泥石流等自然灾害的风险，同时利用地形变化创造视觉冲击力强的景观效果。

在平原地区，工程设计通常着重于土地的经济利用、有效的排水系统和交通便捷性。平原地区的工程能够展现大规模的开放空间和流畅的线条，为工程美学提供了更多的可能性。

地理特征是工程美学前期研究的基石之一。通过深入研究地理位置、地貌、气候等因素，可以为工程美学设计提供重要的参考和指导。在考虑这些地理特征时，需要将其融入整体规划中，使设计既能够充分利用自然环境的优势，又能够适应挑战。地理特征不仅是项目的背景，更是工程美学设计的灵感之源。

如在石家庄复兴大街白佛隧道出入口工程设计中，需要满足横向连通和平路、中山路、车站北路、跃进路，缝合两侧用地等地理位置特征要求，因此在设计时在地上设置景观公园、南北向辅路，消除城区割裂，同时提高区域的开发价值。

2. 气候条件

气候是地理特征中的一个核心因素，对于工程美学的设计起到决定性作用。温度、降水、季节变化等因素会直接影响建筑物的外观、材料选择和景观规划。在气候酷热的地区，设计可能需要考虑遮阳、通风和防晒等因素，而在寒冷地区，保温和采光将成为优先考虑的要素。气候条件直接影响着建筑的能耗模型、材料选择以及舒适度设计。不同的气候带对工程设计提出了不同的要求。

在考虑气候时，还需要关注极端天气事件的可能性，例如风暴、台风、极端高温或寒冷等。通过了解气候条件，可以制定相应的设计策略，确保项目在不同气候条件下的可持续性和适应性。在热带气候下，工程设计需要重点关注通风散热和防潮处理。使用轻质、高透气性的建筑材料可以提高居住舒适度并减少能耗。

在寒带地区的工程设计则以保温隔热和防结冰为主要考虑因素。厚重的墙体、斜屋顶和密封性好的窗户是寒带地区建筑设计的典型特征。

例如，桂离宫（Katsura Imperial Villa）是日本京都的一座历史建筑，其设计充分考虑了四季变化对建筑和景观的影响。为了应对季节性温度变化，桂离宫采用了灵活的设计，如可调节的木质格子窗和通风良好的房屋布局，使得夏季能够充分通风降温，冬季则能保持室内温暖。景观设计上，桂离宫通过不同季节的花草树木布置，使庭院在四季中展现出不同的美感。这样的设计不仅提高了居住舒适度，还体现了人与自然和谐共生的理念。

3. 生态状况

在工程美学前期研究中，深入了解项目所在地的生态系统是保障可持续性和生态友好设计的重要一环。生态系统包括植被、动物种类以及整个生态链的互动，对工程美学产生深远的影响。以下将详细探讨生态系统在研究中的关键性和需要考虑的具体方面。

（1）植被覆盖

植被覆盖度是生态系统健康状况的重要指标，也是工程美学设计中不可忽视的因素。丰富的植被不仅能够提升工程的美观程度，还能保护生物多样性。植被是生态系统的基础，对于工程美学设计具有至关重要的影响。首先，需要详细了解当地植被的种类、分布和特点。密集的树木可能提供阴凉和绿意，但也可能影响到建筑物的通风和日照。在工程美学中，设计师需要考虑如何融合植被与建筑环境，以创造出和谐、有机的景观。

此外，了解植被的生命周期、季节性变化和对周围环境的影响，有助于制定合理的景观规划策略。例如，选择本地适应性强的植物有助于减少水资源的使用，并维护当地生态平衡。

在森林地区，工程设计应尽可能保护现有的树木和生态系统，同时利用木材等自然资源作为建筑材料，实现工程与自然的和谐共存。

在草原地区的工程设计需要考虑防止土壤侵蚀的措施，并通过开阔的视野和自然的色彩搭配来增强工程的视觉吸引力。

（2）动物种类

生态系统中的动物种类对于工程美学设计同样至关重要。通过调查当地的动物种类，可以了解它们在生态系统中的作用以及对工程美学设计的潜在影响。特别关注可能存在的保护动物或迁徙鸟类等，这些都可能需要采取额外的环保措施，以保护它们的栖息地。

动物在生态系统中的活动也会影响到建筑物的设计。例如，在考虑鸟类迁徙路径时，可以避免建筑物对它们的安全造成威胁。与当地生态学家和环保机构的合作，可以提供关于动植物行为的宝贵信息，为设计提供科学依据。

（3）水文状况

水文状况的分析对于防洪安全和水资源的合理规划至关重要。水体不仅是工程美学的重要组成部分，也是维持生态平衡的关键。

在河流附近的工程设计需要特别关注防洪安全和水质保护。通过建立绿色走廊和人工湿地等措施，可以有效地减少洪水风险并提供生物栖息地。

在湖泊地区的工程可以利用水面创造倒影效果，增强视觉美感。同时，湖岸线的设计应注重生态系统的维护和水质的保护。

（4）生态问题

生态系统中可能存在的问题对于工程美学的设计有着重要的启示。通过评估植被的健康状况、动物迁徙的畅通性以及水域的水质等方面，可以识别潜在的生态问题，这可能包括生态系统的破坏、物种灭绝、水资源污染等。

在工程美学设计中，需要采取措施来缓解这些问题，确保项目的可持续性。例如，采用雨水收集系统来减轻当地水资源的压力，或者设计生态通道以维护动物迁徙路径。这样的做法不仅有助于生态系统的恢复，也为工程美学注入了环保和可持续性的元素。

生态系统是工程美学前期研究中一个至关重要的方面。深入了解植被、动物种类和生态问题，有助于为设计提供科学依据，使项目在自然环境中达到最佳的融合效果。通过关注生态系统的健康，工程美学设计不仅可以提供令人愉悦的空间，同时也体现了对生态平衡的尊重和保护。

新加坡滨海湾花园（Gardens by the Bay）是城市生态设计的典范，该项目不仅保留了原有的自然植被，还引入了大量的本地和外来植物，形成一个多样化的生态系统。花园的设计充分考虑了植被的生命周期和季节变化，通过不同的植物组合创造出四季皆宜的景观效果。此外，设计师巧妙地利用了垂直绿化和植被墙，使得建筑与自然完美融合。滨海湾花园不仅提升了城市的美观度，还为生物多样性提供了栖息地，展现了生态友好设计的优势。

4. 自然资源

在工程美学的设计中，平衡自然资源的利用和对环境的保护是必不可少的，深入了解项目所在地的自然资源是确保可持续性和环境友好设计的关键因素之一。通过深入研究水资源、土壤质量、矿产资源和能源资源，设计者可以更全面地考虑环境影响和可持续性。

（1）水资源

水是自然资源中至关重要的一部分。首先，需要了解项目所在地的水资源状况，包括河流、湖泊、地下水位等。水资源的充足性和质量直接影响到建筑物的设计和生态系统的健康。

在工程美学设计中，需要考虑水的可持续利用和保护。采用雨水收集系统、设计低水耗型景观等措施有助于减轻对当地水资源的负担。此外，对于水域生态系统的保护也是重要的考虑因素。

（2）土壤质量

了解土壤质量对于建筑物的基础设计和植被的生长至关重要。土壤的类型、结构和养分含量直接影响到植物的生长状况。在工程美学设计中，合理考虑土壤的特性，选择适宜的植物和施工材料，有助于创造更具可持续性的景观设计。

保护土壤免受污染、侵蚀和过度开发的影响，是确保项目可持续性的重要步骤。采用生态修复技术、植物覆盖和合理的土壤管理，有助于维护土壤生态系统的健康。

（3）矿产资源

了解项目所在地的矿产资源对于工程建设和美学设计具有直接影响。例如，当地的石材、土木建材等资源的可用性和质量，将直接影响到建筑物的外观和结构设计。在工程美学设计中，需要平衡对矿产资源的利用和对环境的保护。

同时，关注采矿活动可能对周边生态系统和景观的影响。通过采用可持续的采矿实践和绿化工程，可以减轻矿产资源开发对自然环境的负面影响。

（4）能源资源

能源是支撑社会和建筑运作的关键自然资源。在工程美学设计中，需要考虑能源的可持续性和环保性。选择清洁能源、提高建筑能效等策略，有助于减少对非可再生能源的依赖，降低碳足迹，从而实现环境友好的设计。同时，对当地可再生能源资源的充分利用，如太阳能、风能等，有助于项目在能源使用方面更加独立和可持续。

德国弗莱堡被誉为"生态之城"，其太阳能住宅项目是能源资源可持续利用的典范。弗莱堡的建筑设计充分利用太阳能资源，许多住宅配备了太阳能电池板和太阳能热水器，大幅降低了对传统能源的依赖。设计师通过优化建筑物的朝向和窗户设计，最大限度地利用自然光和热，提升了能源效率。这不仅减少了碳排放，还降低了居民的能源成本，体现了环保与经济效益的双重优势。

综合而言，上述方面的研究为工程美学的设计提供了全面的支持。通过综合考虑自然资源因素，设计者能够在项目中创造出兼具美感和可持续的作品，实现工程美学的全面提升。这一全面的研究为后续设计和实施提供了科学而可行的基础，确保项目在各个方面都能够取得杰出的成就。

2.2.3 规划引领

规划在工程美学的实践中发挥着至关重要的作用。它不仅为工程项目的设计与实施提供了战略方向，还确保了设计成果能够符合功能需求、审美标准及环境持续性的要求。市政交通基础设施工程美学设计不仅在于追求外观美与形态美，而且是在考虑工程完整、安全、可持续的基础上融合美学原理，使得工程作品兼具可行性与艺术性。因此，在实现市政交通基础设施工程美学设计的前提之下，需要准确把握市政工程规划。

规划引领是工程美学前期研究中至关重要的一环，涉及城市规划、交通规划和区域发展等多个方面。通过深入研究这些规划因素，设计师可以更好地融入项目，使其与城市环境和发展方向相协调。下面将探讨如何通过规划来引领工程美学的发展，并确保项目从概念到实现的每一步都能体现出既定的设计理念和目标。

1. 城市规划

城市规划是工程美学的关键因素之一，通过深入研究城市的发展方向、规划政策、区域特色和未来趋势，设计师能够更好地融入项目，使其与城市环境相协调。

(1) 城市发展方向

在城市规划中，了解城市的发展方向至关重要。这包括城市整体规划、发展区域的划分以及未来发展的重点方向。项目需要考虑城市是否倾向于可持续发展，是否有相关政策支持，以确定项目的可行性和长期影响。同时，城市更新与保护也是一个重要考量，需要了解城市对历史建筑和文化遗产的态度，以确定项目在城市更新中的定位，以及对保护性开发的要求。

(2) 规划政策

城市规划政策直接影响项目实施中的合法性和可行性。深入研究相关政策，包括土地利用政策、建筑高度与密度规定以及环保与绿化要求，有助于确保项目设计符合规划要求。了解土地利用政策，明确项目所在区域的规划用途，确保项目设计符合规划要求。同时，建筑高度与密度规定需要符合城市的整体规划，以保持项目与周围建筑的协调性。在考虑环保与绿化要求时，需要了解城市的环保政策，确保项目在建设和运营过程中符合可持续发展的要求。

(3) 区域特色分析

深入了解城市的区域特色对项目融入城市至关重要。这包括分析文化特色、社会经济情况和历史价值。项目应考虑如何融入当地文化元素，使其更具地域特色。同时，了解社会经济情况有助于确定项目的定位和对周边社区的影响。历史价值的考察也是必要的，看是否有文化古迹或历史建筑需要保护和利用。

了解城市的区域特色是项目融入城市的重要步骤。设计师需要分析当地的文化特色、社会经济情况和历史价值，从而在设计中融入这些元素，使项目更具地域特色。巴黎作为一个历史悠久的城市，其丰富的文化和历史遗产为城市规划提供了独特的视角。设计师在巴黎进行项目时，需要尊重和保护这些历史遗产。例如，卢浮宫玻璃金字塔的设计巧妙地融合了现代元素与历史建筑，使其成为巴黎的标志性建筑之一。在设计过程中，设计师详细研究了巴黎的文化背景和历史价值，确保新建筑能够与周围环境和谐共存。

（4）未来城市发展趋势

对未来城市发展趋势的研究有助于项目规划的长远性。设计师需要考虑科技与创新的发展，确定项目是否需要融入现代科技元素。同时，预测城市人口的变化趋势，以便项目在未来仍然具有吸引力。分析城市是否进行功能升级也是重要的，以确定项目的规划是否符合城市的未来发展方向。通过深入研究这些方面，设计师可以更全面地把握城市的脉络，确保项目在城市中具有可持续性和协调性。

2. 交通规划

交通规划在工程美学前期研究中占据着重要地位，涉及道路、公共交通以及交通拥堵等因素的深入分析。透彻了解交通规划有助于设计师更好地融入城市交通体系，提高项目的可达性和可持续性。

（1）道路规划

道路规划是交通规划的核心，直接关系到项目的交通流畅度和连接性。设计师需要综合考虑交通流量分析、道路类型与功能、道路宽度以及非机动车和步行者的需求。通过了解周边道路的交通流量情况，项目可以更好地适应高峰期和低谷期的交通负荷。确定各道路的类型和功能有助于满足不同交通需求，并确保设计符合城市的整体规划和标准。

（2）公共交通规划

公共交通在城市交通体系中扮演着至关重要的角色，对于提高城市可达性和减少交通拥堵具有重要意义。设计师需要关注公共交通网络分析、交通枢纽规划、可持续交通模式以及公共交通站点布局。通过研究周边的公共交通网络，项目可以更好地了解运营状况和覆盖范围，确保项目与公共交通的衔接。推动可持续交通模式的发展有助于提高城市的可持续性，并通过合理的站点布局提高出行便利性。

（3）交通拥堵分析

交通拥堵是城市交通面临的普遍问题，需要通过深入研究分析，提出相应的解决方案。设计师在此考虑交通流模拟、交叉口设计优化、智能交通系统以及交通疏导策略。通过交通流模拟，设计师可以找出潜在的瓶颈和拥堵点，进而优化交叉口设计，提高通行效率。引入智能交通系统的概念有助于通过先进技术手段优化交通信号配时，降低拥堵概率。制定交通疏导策略，如设置导向标志、合理设置交通标线等，是降低拥堵发生概率的重要手段。

（4）交通安全考虑

交通安全是交通规划中至关重要的方面，设计师需要深入考虑各种交通安全因素。在这一部分，行人过街设施、车辆驶入点设计、交叉口设计优化和交通信号灯的设置都需要被充分考虑。通过设计合理的行人过街设施，可以确保行人安全过街,降低交通事故的发生概率。在车辆驶入点的设计中,合理设置以减少盲区,扩大驾驶员视野,从而增加交叉口的安全性。此外,交叉口设计的优化和合理的交通信号灯设置也是确保交通安全的重要措施。

3. 区域发展

区域发展是工程美学前期研究的关键组成部分,涉及项目对周边区域的影响以及与周围建筑物和基础设施的协调。深入研究区域发展有助于设计师更好地理解项目在城市中的定位,促进与周围环境的和谐共生。

(1) 周边区域影响

项目对周边区域的影响是区域发展中需要深入研究的方面之一。设计师应该关注周边社区、商业区、居住区等方面的特征和需求,了解项目可能对周边区域产生的社会、经济和文化影响。通过这一研究,可以制定出更有针对性的项目规划,以更好地满足周边区域的需求。例如,项目的建设可能提供就业机会,促进周边社区的经济发展;同时,需要考虑项目对当地文化的尊重,避免对传统社区价值观的冲击,从而实现社会和谐。

(2) 文化与历史相协调

文化与历史协调是确保项目与周围建筑物和基础设施和谐共生的重要方面。设计师需要综合考虑文化遗产的保护、历史建筑的利用以及当地文化特色的融入。通过尊重和体现周围文化和历史,项目不仅能够融入城市环境,还能够增添社区的文化深度和认同感。在设计中,可以考虑将当地的传统元素融入建筑风格,通过艺术品和雕塑等手段,展示周边社区的文化底蕴。

(3) 基础设施协同发展

基础设施的协同发展是确保项目与周围环境协调的关键因素。设计师需要考虑水、电、气、通信等基础设施的供应和配套情况,以确保项目在建设和运营过程中有稳定的基础设施支持。同时,基础设施的协同发展也包括交通、排水、绿化等方面的规划,以保障整个区域的可持续发展。例如,在绿化方面,可以通过合理的规划确保项目周边有足够的绿地,促进生态平衡,改善周边居民的生活质量。

(4) 社会与经济互动

项目的社会与经济互动是区域发展中需要关注的一个方面。设计师需要深入研究项目可能对周边社会结构和经济发展带来的影响。这包括就业机会的增加、居民生活水平的提高,以及社区活力的注入。通过积极的社会与经济互动,项目可以更好地融入周边社区,成为社会经济发展的推动力。例如,项目可以与当地社区合作,推动社区教育、文化和娱乐等方面的发展,提高居民的生活品质。

(5) 生态环境保护

生态环境保护是确保项目与周边区域和谐共生的重要考虑因素。设计师需要关注项目可能对周边自然环境、生态系统和生态平衡产生的影响。通过合理的规划和设计,项目可以减少对生态环境的干扰,甚至为生态环境的恢复和改善做出积极的贡献。例如,在建设中采用可持续的建筑材料,合理规划绿化带,以保护周边的生态系统。通过全面考虑上述因素,设计师可以确保项目在区域发展中不仅能够实现自身的可持续发展，还能够与周边环境实现和谐共生。

综上所述，城市规划、交通规划和区域发展共同构筑了一个全面的工程美学框架。通过深入研究和综合考虑这三个方面的因素，设计师可以创造出既符合人文关怀又具有实用性的工程作品。这一综合性的研究为后续的设计和实施阶段提供了有力的支持，确保项目在各个方面都能取得显著的成就。

2.2.4 工程条件

在工程美学的前期研究中，对工程条件的全面了解是确保项目顺利实施的关键。这一部分将细分为五个研究角度，包括土地条件、技术可行性、法规要求、经济因素和建筑材料。

1. 土地条件

（1）土壤性质

深入调查土地的土壤类型，包括但不限于沙质、黏质、壤土等，以准确评估土壤的承载能力和透水性。了解土壤的物理和化学性质对于基础设计至关重要。例如，沙质土壤可能具有较好的透水性，但在承载能力上相对较弱，而黏质土壤则相反。通过科学分析土壤，设计者可以选择适当的基础结构和施工材料，确保其与土壤条件相适应，提高工程的稳定性。

（2）地下水位

调查地下水位的深度和波动情况，了解潜在的地下水对基础设计和施工的影响。地下水位的高低直接关系到基础工程的设计，可能需要采取防水措施或选择合适的建筑高度。通过实地调查和监测地下水位的变化，设计者能够制定科学的水文策略，以确保工程在潜在的水文影响下能够稳定运行。

（3）地形地貌

研究项目所在地的地形特征，包括山脉、平原、河谷等，以应对不同地貌条件下可能出现的工程挑战。不同地形地貌对于基础设计和建筑外观都有着重要的影响。在山脉地区，可能需要考虑边坡稳定性等问题；而在平原地区，土地利用和水资源规划可能是主要考虑因素。通过对地形地貌的深入研究，设计者可以更好地融入自然环境，创造与地貌和谐共存的工程美学。

（4）地理信息系统（GIS）分析

运用GIS技术，对土地条件进行空间分析，综合考虑地理特征，为工程美学的设计提供更精准的地理信息。GIS技术可以帮助设计者获取详尽的地理数据，包括地形、气候、土地利用等方面的信息。通过将这些信息整合，设计者可以更好地理解项目所在地的环境特征，为美学设计提供更科学、更全面的依据。

（5）土地可持续性评估

评估土地的可持续性，考虑土地的合理使用和保护，确保项目在生态和环境方面达到可持续性的目标。土地开发需要平衡经济利益和生态保护之间的关系。通过可持续性评估，设计者可以提出相应的土地管理建议，确保工程长期对环境的影响最小化。

通过对土地条件的全面研究，设计者可以更好地了解项目所处环境，为后续的设计和施工提供科学的依据。细致入微的土地调查将有助于确保工程的稳定性和可持续性。

2. 技术可行性

（1）现有技术分析

综合评估当前可用的技术，并分析其在项目中的应用可能性。考察相关领域的最新技术趋势，了解是否有新兴技术能够为项目提供更高效、更创新的解决方案。在这一方面，设计团队需要充分了解各种技术的性能、优势和限制，以确保选用的技术方案符合工程美学的要求。

（2）技术集成策略

确定不同技术之间的集成策略，以确保它们在项目中协同工作。技术集成涉及不同系统或组件的协同运作，需要设计团队具备跨学科的知识，以确保整个工程系统的可行性。这可能涉及软硬件集成、数据流的协调、系统的可拓展性等方面。

（3）技术风险评估

对项目中采用的关键技术进行风险评估，分析其潜在的技术挑战和不确定性。识别潜在的技术障碍，并提前制订相应的风险缓解计划。这包括对技术的可靠性、稳定性以及在特定环境条件下的适应性进行综合评估。

（4）技术团队建设

建立强大的技术团队，确保团队成员具备必要的技能和经验，能够应对复杂的技术挑战。技术团队的建设是技术可行性的关键因素，需要确保团队具备跨学科的综合能力，能够高效协同工作。培训和发展团队成员，使其能够紧跟技术发展的步伐。

（5）技术可持续性

评估所采用技术的可持续性，考虑其在未来的演进和升级路径。技术的快速发展和更新换代是工程项目面临的常态，设计团队需要选择那些具有较长寿命周期、易于维护和升级的技术。确保技术的可持续性有助于降低项目的技术风险，使其更具长期投资价值。

通过对技术可行性的深入研究，设计者可以确保项目选用的技术方案在实际应用中具有高度的可行性和适应性。同时，技术的科学评估也为后续工程设计和实施提供了可靠的技术支持。

3. 法规要求

深入了解并遵守相关法规是确保市政交通基础设施工程美学设计成功的关键一步。法规要求涉及多个方面，包括但不限于当地建筑法规、环境法规、安全法规、劳工法规。

（1）当地建筑法规

深入了解当地建筑法规是确保项目合法性和可行性的基础。设计团队需要关注建筑结构、高度、用地规划等法规要求。在设计初期，团队应确保设计方案符合并优于这些法规，以避免后期的调整和法律纠纷。在法规要求的基础上，设计团队有机会通过创新设计实现项目的独特性。

(2) 环境法规

环境法规要求设计团队详细考虑项目对周边环境的影响。这可能包括排放标准、环境影响评估等方面的法规。通过遵守环境法规，设计团队能够确保项目在施工和使用阶段都对环境的影响降至最低。此外，团队还可以通过绿色设计和环保技术，超越法规的最低要求，为项目赋予更高的环保价值。

(3) 安全法规

项目的安全性是设计的首要考虑因素。设计团队在深入了解并遵守安全法规时，需要注重建筑结构的安全、紧急疏散计划、建筑材料的安全性等。通过符合安全法规，设计团队有助于确保项目在建设和使用阶段都能提供安全的环境。这不仅关乎法规的合规性，更关乎对居民和使用者的责任心。

(4) 劳工法规

在劳工法规的指导下，设计团队需关注劳工权益、工时规定、安全保障等方面。这不仅关系到团队内部的人力资源管理，也涉及施工过程中劳工的权益和安全。通过遵守劳工法规，设计团队能够建立合理的劳工关系，确保项目的社会责任得到履行。

4. 经济因素

在市政交通基础设施工程美学设计的前期研究中，综合考虑各种经济因素对于项目的可行性和成功至关重要。经济因素的详细考虑涉及多个方面，主要包括土地成本、建设成本和维护成本等。

(1) 土地成本

土地成本是项目的核心经济组成部分，直接关系到项目的基础和可行性。第一，需要深入研究当地土地市场的价值趋势和变动情况，以获取可靠的购买成本和升值潜力数据。第二，评估土地的可利用性，包括用途规划、土地准备成本等，以确保最大化土地利用效率。第三，必须了解土地的开发潜力，包括可建设面积、容积率等，以合理配置土地资源确保项目的可持续性。第四，对土地的权属和法律问题进行全面研究，避免后期因土地争议带来的经济和法律风险。第五，评估土地投资的回报率，确保项目能够在长期内获得合理的经济回报，为土地投资决策提供科学依据。

(2) 建设成本

建设成本是项目经济的主要组成部分，直接影响到项目的可行性和经济效益。第一，需要在设计初期就综合考虑建筑设计和材料选择，以平衡外观、性能和成本，确保设计在经济上可行。第二，研究不同施工工艺和技术的可行性，选择既能满足设计要求又能控制成本的方案，确保施工过程的高效进行。第三，考虑当地劳动力市场状况，预估劳动力成本的变动趋势，确保施工过程中的劳动力成本可控。第四，评估所需设备和技术的投资，包括购买、租赁和维护成本，确保项目的技术基础设施满足需求，提高项目的工程技术水平。第五，考虑可能的额外费用，如不可预见的施工问题、变更需求等，制订预算时保留适当的余地，以应对未知风险。

(3) 维护成本

项目的维护成本直接关系到长期运营的经济效益。第一，设计团队需要关注建筑结构和设备的选择，确保其易于维护和操作，减少后期的维修和更换成本，延长建筑寿命周期。第二，采用可持续性和能效设计，降低能源和资源的使用成本，提高项目的经济可持续性。第三，制订详细的预防性维护计划，确保定期检查和维护建筑和设备，延长它们的使用寿命，减少后期维护成本。第四，估算项目管理和运营的费用，包括人力、系统维护、保险等，确保项目在长期运营中经济稳健，提高管理效率。第五，在经济方面，设立应急准备基金，用于应对突发事件和不可预见的经济压力，确保项目长期稳健运营，降低经济风险。

5. 建筑材料

（1）选择原则

在选择建筑材料时，需要根据项目的特定需求和设计目标制订明确的选择原则。第一，考虑建筑功能和用途，确保所选材料符合建筑的实际需求。第二，关注材料的可持续性和环保性，选择对环境影响较小、易于回收再利用的材料。第三，综合考虑材料的耐久性、维护成本以及在使用寿命内的性能稳定性，以降低后期维护和更换的经济负担。第四，充分考虑当地气候条件和自然环境，确保所选材料在特定环境中具有良好的适应性和稳定性。第五，遵循建筑法规和标准，确保所选材料符合当地和国家的法规要求，保障项目的合法性和安全性。

（2）新型材料应用

新型建筑材料的应用是实现工程美学和技术创新的重要手段。第一，关注新材料的技术性能和特点，如强度、耐久性、隔热性等，确保其能够满足项目的设计要求。第二，了解新材料的生产和施工工艺，评估其在实际应用中的可行性和经济性。第三，考虑新材料的可持续性和环保性，选择对环境友好的新型建筑材料。在应用新材料时，需要与供应商和生产商充分合作，了解其性能、施工技术和售后服务，确保项目中新材料的有效应用。

（3）传统材料创新

传统建筑材料的创新应用有助于实现文化传承和工程美学的统一。第一，深入研究当地传统建筑材料的性能和特点，挖掘其在现代建筑中的创新潜力。第二，通过技术手段和工艺改进，提升传统材料的性能，使其更好地适应现代建筑的需求。在传统材料创新中，注重材料的文化传承和历史价值，保留传统建筑文化的独特魅力。同时，通过传统材料的创新应用，实现项目在建筑外观和内部空间设计上的独特性和个性化。

（4）多材料组合应用

多材料组合应用是丰富建筑形式和提升工程美学的重要手段。第一，综合考虑不同材料的特性和性能，选择互补和协调的多材料组合方案。第二，在设计中注重材料的搭配和层次感，实现外观效果的丰富多彩。第三，充分发挥各种材料的优势，实现功能性和美学性的有机统一。第四，通过多材料组合应用，创造出丰富的视觉层次和空间感，提升项目的整体美感和观赏性。

（5）可回收材料利用

可回收材料的合理利用是推动可持续建筑发展的关键措施。第一，了解可回收材料的种类和来源，评估其在项目中的可行性和适用性。第二，在设计中考虑可回收材料的使用方式和搭配方案，确保其在建筑中发挥最大效益。第三，在可回收材料利用中，需要注重材料的清洁和处理过程，确保其符合环保标准和质量要求。第四，与供应商和回收机构合作，建立可靠的可回收材料供应链，实现项目中可回收材料的稳定供应。通过可回收材料的合理利用，降低项目的环境足迹，促进建筑行业的可持续发展。

综上所述，工程条件的综合考虑对项目的整体可行性和成功实施至关重要。在土地条件方面，详细了解地理特征，包括土壤类型和地下水位等，有助于基础设计和建筑物的稳定性。技术可行性的评估确保了现有技术在项目中的应用可能性，为工程的实施提供了可靠的技术基础。法规要求的遵守保障了项目的合法性和安全性，涵盖了建筑法规、环境法规等多个方面。经济因素的细化考虑成本管理、资金来源等，确保项目在经济层面的可行性。建筑材料的选择原则、新型材料应用、传统材料创新、多材料组合应用以及可回收材料利用，为工程美学提供了多样化的选择，同时注重了可持续性和环保性。这些方面的深入研究和全面考虑，为项目在不同阶段的实施提供了有力的支持。

2.3　工程美学总体设计内容

2.3.1　工程美学总体理念

1. 设计理念的作用与意义

制定总体设计理念对于设计来说能够指导设计方向、凝练设计思想、提高设计质量、强化项目表现、提升设计效率和增强与客户的沟通，是设计工作顺利进行和取得成功的关键之一。

（1）指导设计方向

总体设计理念为设计团队提供了明确的方向和目标，使他们在设计过程中有所依据，不至于在无目标的状态下盲目进行设计，从而保证设计工作的有序进行。

（2）凝练设计思想

制定总体设计理念有助于凝练设计团队的思想，确保设计作品在整体上保持一致性和完整性。

（3）提高设计质量

通过制定总体设计理念，设计团队能够更加深入地理解项目的需求和背景，从而在设计过程中更加注重细节和品质，提高设计作品的整体质量。

（4）强化项目表现

总体设计理念可以帮助设计团队在设计成果中突出项目的特色和亮点，使设计作品更具表现力和吸引力，有利于项目的推广和宣传。

（5）提升设计效率

制定总体设计理念有助于明确设计目标和方向，避免在设计过程中频繁修改和调整，从而提高设计工作的效率，节约设计时间和成本。

(6) 增强与客户的沟通

总体设计理念可以作为设计团队与客户沟通的重要工具,帮助客户更好地理解设计思路和方向,减少沟通误解,提升客户满意度。

2. 在市政交通基础设施领域的作用与意义

在市政交通基础设施领域进行工程美学设计的意义,主要体现在以下几个方面。

(1) 提升城市形象和品位

市政交通基础设施是城市的重要组成部分,其设计和建设直接关系到城市的整体形象和品位。通过工程美学设计,可以使道路、桥梁、隧道等交通设施在功能得以满足的同时,呈现出优美、协调、有序的视觉效果,提升城市的形象和品位。

(2) 改善居民生活质量

优秀的市政交通基础设施设计能够改善居民的生活质量。合理的道路规划、美观的景观设计和舒适的行车体验都能够为居民提供更便捷、安全、舒适的出行环境,增强城市居民的幸福感,提升居民满意度。

(3) 促进经济发展

优秀的市政交通基础设施不仅能够提升城市形象,还能够促进经济发展。良好的交通设施能够改善交通流动性,便利货物运输和人员流动,促进产业发展和商业活动,推动城市经济的繁荣和发展。

(4) 提高城市竞争力

优秀的市政交通基础设施是城市竞争力的重要组成部分。美观、高效、智能的交通设施不仅能够吸引人才和资金流入,还能够提高城市的吸引力和竞争力,在全球化竞争中占据有利地位。

(5) 注重生态环境保护

工程美学设计不仅要注重视觉效果,还要兼顾生态环境保护。通过合理的绿化设计、雨水收集系统和节能照明设施等措施,可以减少对生态环境的破坏,提升城市的生态环境质量。

(6) 适应未来变化

具有前瞻性的设计使交通基础设施能够适应未来的技术发展和社会变化,保持长期的功能性和相关性。

总体来说,设计理念是市政交通基础设施工程美学设计的基石,它不仅影响着设计的最终形式和功能,还关系到设计能否真正满足社会的需求并产生积极的影响。通过实施合理的设计理念,可以使市政交通基础设施成为城市的美丽风景线,同时也成为提升居民生活质量和城市竞争力的重要因素。

深圳沿江高速前海段及南坪快速衔接工程的艺术景观设计以"隐路于市、显海兴湾"为总体设计理念,将深圳沿江的交通网络视作前海湾巨幅画卷的骨架,借鉴我们中国画的精髓——留白,将交通网络嵌入前海湾的大景观中,为前海湾更宏大的未来留白。该设计理念指导沿江项目工程美学设计以功能消隐和文化凸显为设计手法,对每一段路线进行精雕细琢,力争打造一个体现开放、进取等艺术特征的生态内湾交通网络,助力深圳打造国际一流城市。

2.3.2　工程美学总体设计策略

设计策略通常是指为了实现设计目标和愿景而制定的具体行动方案和方法，是设计过程中的指导方针和行动计划，涵盖了从功能性到美学性、从环境融合到社会责任等多个方面。

1. 设计策略的主要特点

（1）目标导向性

设计策略是为了实现设计目标和愿景而制定的，具有明确的目标导向性。它指导着设计团队在设计过程中应该采取何种行动和方法，以达到预期的设计效果。

（2）灵活性和适应性

设计策略需要根据具体项目的情况和需求进行灵活调整和适应。由于不同项目的特点各异，设计策略需要具有一定的灵活性，能够根据实际情况做出相应的调整和变化。

（3）综合性和系统性

设计策略通常是综合考虑多个方面因素的结果，具有系统性和综合性。它涵盖了从功能性到美学性、从环境融合到社会责任等多个方面，综合考虑了设计问题的各个方面。

（4）前瞻性和长远性

设计策略需要具有一定的前瞻性和长远性，能够考虑到未来发展的需求和趋势。它不仅要考虑到当前的问题和需求，还要预见到未来可能出现的变化和挑战，为设计提供长远的发展方向。

（5）实践性和可操作性

设计策略需要具有一定的实践性和可操作性，能够指导设计团队在实际项目中进行具体的设计和实施工作。它不仅是理论上的指导方针，更是能够在实践中得到验证和落实的具体行动方案。

2. 设计策略的作用

设计策略的作用主要表现在以下几个方面。

（1）指导方向和框架

设计策略为整个设计过程提供了明确的指导方向和框架。它确定了设计的目标、原则和重点，帮助设计团队在设计过程中保持一致性和方向性。

（2）优化资源利用

通过设计策略的制定，设计团队可以更好地规划和管理资源的利用，避免资源的浪费和重复。这有助于提高设计效率、降低成本，并确保项目按时完成。

（3）提高设计质量

设计策略能够促进设计团队对项目的深入思考和分析，从而更好地满足用户需求，优化建筑功能和空间布局，提高设计质量。

（4）增强可持续性

设计策略可以促进对可持续性原则的考虑和应用，包括节能减排、资源循环利用、环境保护等方面。通过合理的策略制定，可以实现建筑设计在环境和社会方面的可持续发展。

（5）提升用户体验

设计策略重视用户体验和舒适性，通过合理的空间布局、光线设计、材料选择等手段，创造出舒适、安全、健康的使用环境，提升用户的满意度和体验感。沿江高速前海段及南坪快速衔接工程艺术景观设计对城市空间的激活作用如图2.2所示。

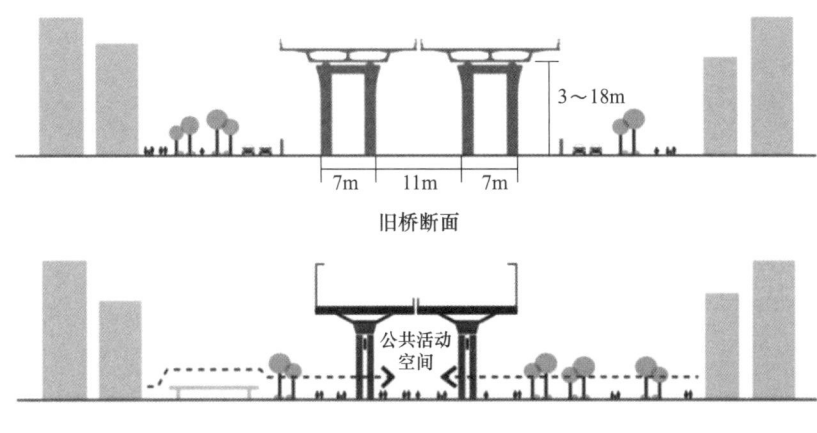

图2.2　沿江高速前海段及南坪快速衔接工程艺术景观设计的城市空间

（6）塑造品牌形象

建筑设计策略有助于塑造建筑项目的品牌形象和特色。通过独特的设计理念、形式和结构，建立起与项目愿景和品牌定位相匹配的建筑形象，增强项目在市场上的竞争力和吸引力。

（7）推动创新和发展

建筑设计策略鼓励创新和独特性，在设计中融入新的理念、技术和材料，推动建筑行业的发展和进步，为城市发展和人类生活提供更多可能性和选择。

3. 总体策略与总体设计理念的衔接

（1）总体设计理念为总体策略提供方向和框架

总体设计理念通常是相对抽象和宏观的，为设计团队提供了创作的灵感和指导，而总体策略则是在这个大方向下对具体问题进行深入分析和实践探索的结果。设计团队会根据总体设计理念确定的方向和框架制订出具体的策略和计划，以确保项目能够朝着预期的目标稳步推进。

（2）及时调整总体策略使其与总体设计理念相符

在总体策略的执行过程中，设计团队会不断地评估策略的实施情况，并与总体设计理念进行比较和反馈。如果发现相应策略执行过程中与总体设计理念有不符合之处，设计团队会及时进行调整和修正，以确保策略的制定和执行与总体设计理念保持一致，并最终实现项目的预期目标。

以深圳沿江高速前海段及南坪快速衔接工程的艺术景观设计为例，该工程设计理念为"隐路于市、显海兴湾"，设计理念旨在打造生态为先的交通路网工程，因此在其设计策略制定上就以"自然生态和城市同步发展""融入周边环境，注入文化基因""协调材质、线条、色彩的一体化设计"等强调工程与自然环境和谐相处的策略来指导具体方案设计。

4. 市政交通工程美学常用设计策略

工程美学项目设计中常用的策略涵盖了广泛的领域，旨在通过设计手段和方法，提升工程项目的美学品质、功能性和可持续性。常用的策略主要有以下几点。

（1）整体协调性策略

这一策略旨在确保道路及其附属设施与周围环境和谐协调，融入城市景观。这包括与周围建筑、自然景观风格相协调的设计元素，如工程全线采用统一桥型，与周围建筑风格一致的声屏障设计，或选择路灯杆的外观与周围环境相匹配，例如深圳市机荷高速公路改扩建项目工程景观艺术方案设计策略。

（2）功能性与安全性策略

此策略确保道路及其附属设施的设计满足功能需求，并提高道路使用的安全性。例如，路灯的布置要确保覆盖整个道路，同时避免影响行车视线；声屏障的设计要能有效减少噪声干扰，提升周边居民的生活质量。

（3）美学与艺术性策略

这一策略着重于提升道路及其附属设施的美感和艺术性。设计师可以通过选用富有创意和艺术感的桥梁造型、声屏障造型、路灯设计等方式，使其成为城市的艺术品，增强城市形象和文化内涵。

（4）可持续发展策略

此策略旨在保护环境和提高资源利用效率。例如，在声屏障的设计中，可以采用可再生材料或回收材料，以减少资源消耗和环境污染；路灯的设计可采用节能型 LED（Light Emitting Diode，发光二极管）灯，降低能源消耗。

（5）社区参与和公众沟通策略

这一策略强调与当地社区和公众进行有效沟通和合作，听取他们的意见和建议，使设计更贴近实际需求和民意。通过组织公开听证会、开展问卷调查等方式，收集居民的意见，让他们参与设计决策，以提高设计的接受度和社会效益。

（6）历史文化传承策略

此策略关注道路及其附属设施的设计与当地历史文化传统的保护和传承。设计师可以在声屏障、路灯等设施上融入当地的传统元素或文化符号，以弘扬当地文化，增强城市的历史底蕴和特色。

（7）创新与科技应用策略

这一策略鼓励设计师采用新颖的设计理念和前沿技术，创造出更具创意和科技感的道路及其附属设施。例如，创新的附属设施一体化设计减少防撞护栏立柱基础数量，减少造价提升安全性；高速公路桥梁通过智能控制系统实现路灯的远程监控和调节，提高照明效果和节能水平；利用3D打印技术制造声屏障，实现个性化定制和快速生产。

这些设计策略在工程美学设计中相互交织、相互影响，旨在创造出既满足功能需求、提高安全性，又具有美感、艺术性和可持续性的道路及其附属设施。设计师需要根据具体项目的特点和需求，综合考虑这些策略，并在设计过程中加以运用和落实，既要满足功能需求，也要能够体现美学价值、环境友好性和社会责任感，为城市发展和人类生活提供更加优质的环境和体验。这些策略的综合运用使得工程项目在建设过程中更加注重人文关怀、生态环保和可持续发展，为美好城市和社会的建设贡献了重要力量。

5. 设计策略的制定方式

设计策略的制定方式是一个系统性的过程，涉及多个方面的考量和决策。在工程美学项目中，设计策略的制定需要综合考虑项目的特点、需求、目标以及外部环境等因素。设计策略的制定方式通常包括以下几个方面的内容。

（1）项目分析与定位

在制定设计策略之前，首先需要对项目进行全面的分析和定位。这包括项目的背景、定位、功能需求、使用人群、地理环境、社会文化等方面的调研和分析。通过对项目背景的深入了解，可以为后续的设计策略制定提供基础和方向，例如深圳市机荷高速公路改扩建项目工程就进行了基地解析。

（2）明确设计目标与原则

在项目分析的基础上，需要明确设计的目标和原则。设计目标是设计团队在项目中希望实现的具体目标，可以包括美学目标、功能目标、环境目标等。设计原则则是在实现设计目标的过程中需要遵循的基本原则和规范，如可持续性、创新性、人文关怀等。

（3）制定整体设计理念

设计策略的核心是制定整体设计理念。整体设计理念是对项目核心价值和设计方向的概括性表达，是项目设计的灵魂和指导方针。在制定整体设计理念时，需要综合考虑项目的特点、需求和目标，提炼出能够体现项目核心价值和设计愿景的理念。

（4）确定具体设计策略

在明确整体设计理念的基础上，需要确定具体的设计策略和措施。这包括景观设计策略、建筑设计策略、交通规划策略、环境保护策略等多个方面。设计团队需要根据项目的实际情况和设计目标，综合考虑各个方面的因素，制定具体的设计策略和方案。

（5）灵活调整与优化

设计策略的制定是一个动态的过程，在实际项目实施过程中可能会受到各种因素的影响，需要灵活调整和优化设计策略。设计团队应该密切关注项目的实施情况，及时进行设计策略的调整和优化，确保项目能够达到预期的设计效果。

（6）跨学科合作与交流

在设计策略的制定过程中，跨学科合作与交流是非常重要的。工程美学项目涉及多个学科领域的知识和技术，需要设计团队之间的密切合作和交流，充分发挥各自的专业优势，共同制定出符合项目需求的设计策略。

(7) 参与方参与和反馈

设计策略的制定需要广泛征求项目相关各方的意见和反馈。这包括业主、使用者、设计师、规划者、政府部门等相关方。通过与各方的充分沟通和合作，可以确保设计策略的全面性和可行性，提高项目的成功实施率。

总体来说，设计策略的制定方式是一个系统性、综合性的过程，需要设计团队全面考虑项目的特点、需求和目标，灵活运用各种方法和手段，制定出符合项目实际情况的设计策略和方案。只有在设计策略制定的过程中做到充分的分析、明确的目标、科学的方法和有效的沟通，才能够确保项目的顺利实施和设计效果的最大化。

2.3.3 设计内容的框定与段落划分

1. 设计内容的框定

市政交通基础设施项目的工程美学设计是为了提升城市交通环境的品质和形象，同时满足人们对于美好生活的追求。这种设计通常涵盖了多个方面，旨在创造安全、舒适、高效的交通环境，并兼顾城市的美感和文化内涵。

(1) 常见设计内容

市政交通基础设施项目工程美学设计中常见的内容主要有以下几点。

① 道路景观设计。道路景观设计是市政交通基础设施项目中的重要内容之一。它涉及道路的绿化、景观植物、景观节点、景观标识等方面的设计，旨在营造出美观、舒适的道路环境。通过合理的景观设计，可以增加道路的美感和趣味性，提升居民的生活品质，例如深圳光明新区田园路道路景观设计，如图2.3所示。

图 2.3　深圳光明新区田园路道路景观设计

② 照明设计。照明设计是市政交通基础设施项目中不可或缺的一部分。良好的照明设计不仅可以提升道路的夜间亮度和安全性，还可以增强夜间景观效果，营造出温馨、舒适的夜间环境。照明设计通常包括路灯、景观灯、夜景照明等，旨在提升城市夜间的美观度和吸引力，例如深圳市机荷高速公路改扩建项目工程，如图2.4所示。

图 2.4 深圳市机荷高速公路改扩建项目工程路灯及桥梁照明设计

③ 交通标识和导向系统。交通标识和导向系统是市政交通基础设施项目中的重要组成部分。它们对于指导车辆行驶、引导交通流向、提升道路通行效率起着至关重要的作用。良好的交通标识和导向系统设计能够提高驾驶员和行人的交通安全感,并优化交通组织效果。

④ 公共艺术装置和雕塑。公共艺术装置和雕塑通常是市政交通基础设施项目中的点睛之笔。它们不仅可以美化城市环境,还可以丰富城市文化内涵,提升城市形象和吸引力。公共艺术装置和雕塑通常选择在交通枢纽、广场、公园等地点设置,以增加城市的艺术氛围和人文景观,例如深圳光明新区田园路,如图 2.5 所示。

图 2.5 深圳光明新区田园路公共艺术装置

⑤ 环境绿化和生态治理。环境绿化和生态治理是市政交通基础设施项目中的重要内容之一。通过合理的绿化设计和生态治理措施,可以提高城市的生态环境质量,改善空气质量,增加绿色空间,营造出宜居的城市环境。

⑥ 历史文化遗产保护和传承。市政交通基础设施项目还需要考虑对历史文化遗产的保护和传承。这包括对历史建筑、文物古迹、传统工艺等的保护和修复，以及对当地文化传统和民俗风情的弘扬和传承。通过合理的设计，可以将历史文化遗产融入城市交通环境中，增强城市的历史文化底蕴和特色。

⑦ 社会参与和公众意见征集。在市政交通基础设施项目中，还需要考虑社会参与和公众意见征集。通过与社会各界的沟通和合作，可以获取更多的意见和建议，充分考虑市民的需求和意见，使得设计方案更加贴近实际需求，得到更好的实施效果。

（2）考虑因素

根据市政交通基础设施项目的特点和需求，确定具体的设计内容需要综合考虑以下几个方面的因素。

① 城市规模和特色。不同城市的规模和特色各异，因此在确定设计内容时需要考虑城市的整体风貌和文化特色。对于历史悠久、文化底蕴深厚的城市，设计内容可能需要更加注重历史文化保护和传承；而对于新兴城市，可能更需要注重现代化、科技感的设计元素。如深圳市机荷高速公路改扩建项目工程中桥梁及道路附属设施均采用色泽和质感类似的混凝土与钢材涂料，凸显城市的现代化特质，如图2.6所示。

协调材质
1.混凝土：各部位混凝土的色泽和质感需大体一致；
2.钢结构：钢材质的拱、梁、构筑物、防撞栏杆、隔音结构等，均使用同一种颜色质感的钢材涂料。

颜色：1701-CBCC中国建筑色卡为标

图2.6 深圳市机荷高速公路改扩建项目

② 交通状况和需求。不同城市的交通状况和需求也会影响设计内容的确定。对于交通压力较大、道路拥堵严重的城市，设计内容可能需要更加注重交通组织和疏导；而对于交通畅通、城市空间充裕的城市，则可以更多地考虑景观美化和文化内涵。

③ 人口密度和社会结构。城市的人口密度和社会结构对设计内容的确定也有一定影响。人口密度较高的城市可能需要更多的绿化空间和休闲场所，以满足市民的休闲需求；而社会结构多样化的城市可能需要更多地考虑到不同群体的需求和文化背景。

④ 自然环境和地理条件。不同城市的自然环境和地理条件也会对设计内容产生影响。在地理条件复杂、自然环境丰富的城市，设计内容可能需要更多地考虑环境保护和生态治理；而在地理条件平坦、自然环境单一的城市，设计内容则可以更多地注重景观美化和艺术装置。

⑤ 经济实力和投资规模。市政交通基础设施项目的设计内容还会受到经济实力和投资规模的制约。经济实力雄厚、投资规模庞大的城市可能会选择更加豪华和高端的设计方案，包括精美的景观装饰、高科技的照明设施等；而经济实力相对较弱、投资规模有限的城市，则可能会选择更为简约和实用的设计方案，注重功能性和经济性。

综上所述，根据市政交通基础设施工程的特点和需求确定具体的设计内容需要综合考虑城市规模和特色、交通状况和需求、人口密度和社会结构、自然环境和地理条件、经济实力和投资规模等多个方面的因素。只有在全面考虑了这些因素的基础上，才能够确定出符合实际情况和市民需求的设计内容，从而实现项目的最佳效果和社会效益。

2. 景观段落划分

在工程美学项目中进行景观段落划分是为了更好地实现道路美化、功能分区和景观设计的有机结合。划分景观段落需要充分考虑道路的特点、周边环境和使用需求，以确保每个段落都能发挥出最佳效果，并与整体设计相协调。以下将详细论述在工程美学项目中如何进行景观段落划分，包括划分依据以及划分方法。

（1）划分依据

① 道路特征和功能需求。道路是否是主干道、支路或者乡村小道的车流量、行车速度、车辆种类等都会影响景观段落的划分。主干道通常需要分段落进行，以满足不同车辆的通行需求，而乡村小道可以整体设计。

② 周边环境和景观特色。道路沿线的建筑、自然景观、历史文化遗迹等都是划分段落的重要依据。不同段落可能有不同的环境特点，如城市中心区、商业街区、居民区、风景名胜区等，需要根据其特点进行划分，例如深圳市机荷高速公路改扩建项目道路周边分析。

③ 交通组织和功能分区。景观道路的划分还需要考虑道路的交通组织和功能分区。根据道路的交通流量和使用需求，将道路划分成行车道、非机动车道、人行道等功能分区。每个功能分区的景观设计应与其功能相匹配，以满足交通需求。

④ 景观连续性和过渡区域。最后是考虑景观连续性和过渡区域。为了保持道路景观的连贯性和流畅性，需要在不同段落之间设置景观节点和过渡区域。这些节点和过渡区域可以是景观标志、景观雕塑、绿化带等，用来标志段落的转换和衔接。

（2）划分方法

① 长度和分区原则。根据道路的长度和特征，可以将道路划分成若干个长度相近、功能相似的段落。每个段落可以根据其长度和特点进行分区，如每隔500m或1000m划分一个段落，以保持道路景观的连续性和统一性。

② 环境和功能划分。根据道路沿线的环境特点和功能需求，将道路划分成不

同的景观段落。例如,可以将商业街区、居民区、文化区等不同功能的区域划分成不同的段落,以满足不同用户群体的需求。

③ 重点景观节点和过渡区域。在道路的重点位置和段落之间设置景观节点和过渡区域。这些节点和过渡区域可以是景观标志、雕塑、喷泉、绿化带等,用来标志段落的转换和衔接,增强道路景观的连续性和流畅性。

④ 功能性与美观性的平衡。在进行段落划分时,需要平衡功能性和美观性。每个段落的景观设计既要满足道路的功能需求,又要考虑到美化环境、提升景观品质的目标,使得道路既具有实用性又具有美观性。

⑤ 用户需求和体验。根据不同用户群体的需求和偏好,设计各个段落的景观要素和设施,以提升用户的使用体验和满意度。

通过以上方法和步骤,可以根据道路的特点、周边环境和使用需求,合理划分景观段落,并进行细致的景观设计,以实现道路美化、功能分区和景观设计的有机结合,为城市的美化提供有效支持,如石家庄复兴大街与北三环景观品质提升专项设计段落划分,如图 2.7 所示。

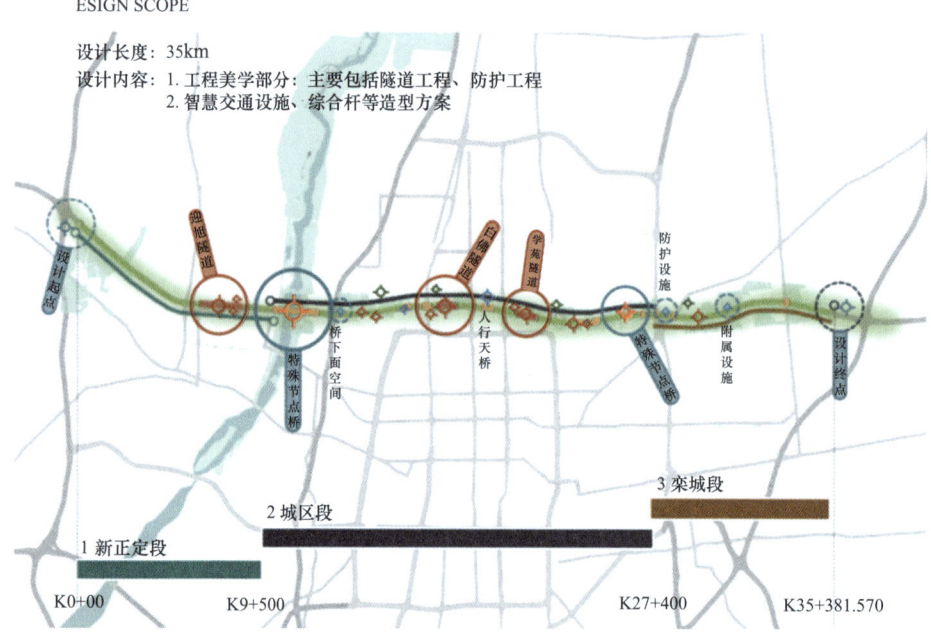

图 2.7　石家庄复兴大街与北三环景观品质提升专项设计段落划分

2.3.4　主次景观节点分级与协调

在工程美学项目中进行景观段落划分后,对各个段落进行主次景观节点的分级是非常重要的,它能够有效地指导景观设计工作,确保每个段落都能够达到预期的设计效果,并保持整体的连贯性和统一性。主要景观节点通常是全段落的设计重点，它们决定了段落的总体风格和形象，而次要景观节点或者景观段落的设计风格则需要与主要景观节点相匹配，以保持整体的协调和统一。例如，沿江高速前海段及南坪快速衔接工程按节点分级设计。

1. 主次景观节点分级的意义

（1）设计重点和突出形象

主要景观节点的设置能够明确设计重点，突出段落的整体形象和风格，为景观设计工作提供清晰的指导方向和依据。

（2）环境引导和体验导向

主要景观节点的设置能够引导人们的视线和行为，增强用户的体验和参与感，提升道路的整体品质和形象。

（3）景观连贯性和统一性

主要景观节点和次要景观节点之间的协调关系能够保持景观的连贯性和统一性，形成一个完整的景观体系。

通过对主次景观节点的分级和协调，可以有效地指导景观设计工作，保持道路景观的整体统一和协调，提升道路的美观性和品质，为城市的美化和改善提供有效支持。

2. 主次景观节点分级依据

（1）重要性和影响力

主要景观节点通常是道路沿线的重要地标或者标志性建筑物，具有较大的影响力，且至关重要。这些节点在整个段落中具有突出的地位，能够吸引人们的注意力，并成为段落的设计焦点。次要景观节点则可能是一些辅助性的景观元素或者设施，其重要性相对较低。

（2）功能需求和服务范围

主要景观节点通常服务范围较广，能够满足道路沿线不同用户群体的需求。它们可能是商业中心、文化广场、公共公园等具有多功能性的场所。而次要景观节点可能是一些小型景观设施或者绿化带，其功能主要是起到装饰和补充的作用。

（3）景观特色和主题设计

主要景观节点通常具有独特的景观特色和主题设计，能够突出段落的整体形象和风格。它们可能是具有代表性的建筑物、雕塑、艺术装置等。而次要景观节点的设计风格通常需要与主要景观节点相呼应，保持整体的协调性和一致性。

（4）用户体验和视觉效果

主要景观节点的设计通常注重提升用户的体验和感受，能够给人留下深刻的印象。它们可能是景观观赏点、休闲活动区、文化展示区等，具有较强的吸引力和感染力。而次要景观节点则可能是一些景观绿化、小型雕塑等，其设计目的主要是增加景观层次和丰富度。

3. 主次景观节点的协调

（1）统一性和连贯性

主要景观节点和次要景观节点之间需要保持统一性和连贯性，以确保整体的设计效果和协调性。主要景观节点的设计风格和形象应该与段落的总体风格相一致，而次要景观节点则需要与主要节点相呼应，形成一个完整的景观体系。

（2）相互补充和协调

主要景观节点和次要景观节点之间应该相互补充和协调，形成一个有机的整体。主要节点通常起到引导和主导作用，而次要节点则起到补充和配合作用，共同营造出丰富多彩的景观效果。

（3）平衡功能性和美观性

在设计主次景观节点时，需要平衡功能性和美观性的关系。主要节点的设计应该注重功能性和实用性，同时兼顾美观性和艺术性；而次要节点则更注重美化和装饰作用，以增加景观的层次感和视觉效果。

第二篇 构筑物美学设计

3 道路工程

3.1 道路空间美学设计

3.1.1 存在的问题与对策

城市规划理论学家凯文·林奇（Kevin Lynch）在《城市意象》一书中表述，城市形态主要表现在以下五个形体环境要素之间的相互关系上：道路、边界、区域、节点、标志物。其中道路是城市最为突出的元素，道路有着方向性、延续性、交叉性等特征，是人们运动的轨迹，也是人们观察城市的重要视点。道路设计需满足《城市道路工程设计规范（2016年版）》（CJJ 37—2012）的设计要求，并符合城市所在区域的道路总体专项规划。本书中所描述的道路设计是指道路街道美学设计，适用于城市中的快速路、主干路、次干路、支路和街巷在内的城市街道。街道是指有人行空间的道路及至沿线建（构）筑物界面形成的城市公共空间，通常由机动车道、非机动车道、交叉口、步行道、沿街界面及其附属设施等组成。市政道路空间美学设计示意如图3.1所示。

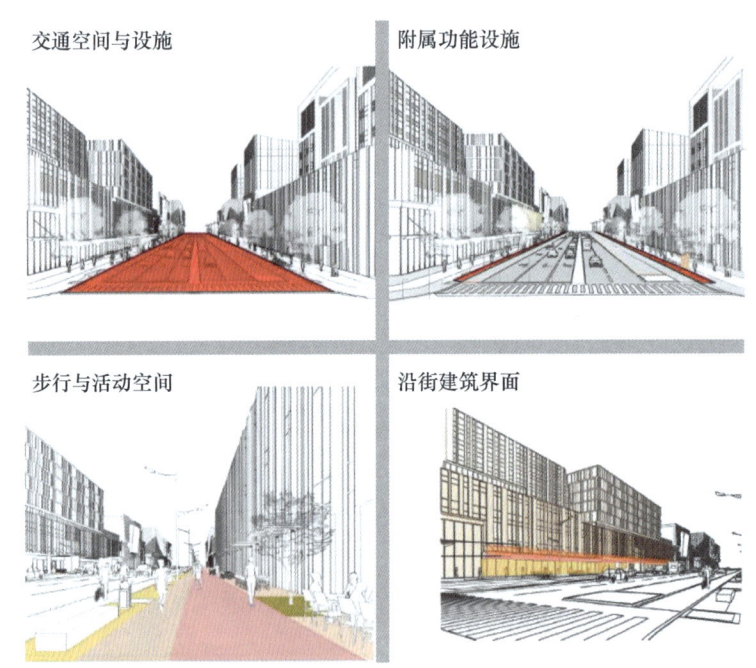

图3.1 某市政道路空间美学设计示意

1. 存在的问题

目前在道路的规划、建设管理中，"以车为本"的思想还没有根本转变。道路工程设计规范和设计实践仍然以机动车通行效率为主要考量。在交通管理中，往往把机动车的"排堵保畅"作为道路建设和管理的唯一目标，在成全了车的同时，常常是委屈了人。

2. 解决对策

① 城市交通的根本目的是实现人和物之间的积极顺畅的流动，因此要在观念和实践中真正实现从"以车为本"到"以人为本"的转变，必须应用系统方法对慢行交通、静态交通、机动车交通和沿街活动进行统筹考虑。

② 城市设计要从"道路红线管控"向"街道空间管控"转变，在新的发展背景下，要实现街道的整体塑造，需要对道路红线内外进行统筹，对管控的范畴和内容进行拓展，将设计范围从红线内部拓展到红线以外的沿街空间，突出街道的人文特性，对市政设施、景观环境、沿街建筑、历史风貌等要素进行有机整合，通过整体空间环境设计塑造特色街道。

③ 道路设计应综合考虑行人和车辆的通行功能，在保障系统性交通通行的同时，重点考虑沿街建筑的使用功能与活动。同一条道路在经过不同功能的城市片区时，其断面也应有不同的设计安排。街道的活动与沿街建筑及底层的使用功能有较高的相关性，也与街区的空间与功能结构有关。综合考虑沿街活动、街道空间景观特征和交通功能等因素，可以将街道划分为商业街道、生活服务街道、景观休闲街道和交通性街道四大类型。

3.1.2 设计要点

道路空间设计专注于确保商业街道的吸引力、活力和经济活动。道路设计需要控制机动车车道数量，限制机动车车速，保证步行优先，在周边地区或地下合理安排机动车停车，并合理布局非机动车停车点。某市政道路空间设计如图3.2所示。

（1）行人友好性

商业街道应该设计成方便步行的环境，包括宽敞的人行道、安全的人行横道和足够的过街设施。步行道纵向标高衔接平缓，避免在连续步行道内采用台阶踏步形式，山地城市街道空间内必须要设置台阶时，尽量集中紧凑，并满足无障碍设施布局和设计要求。

（2）活动空间

商业街道应该提供足够的空间用于户外活动和社区活动，允许沿街商户利用建筑退界区进行商品展示、绿化装饰、餐椅外摆，形成形式多样、富有活力的街道空间，如街头表演、艺术品展示和市集等。

（3）景观和装饰

商业街道的景观设计应该吸引眼球，结合商业特色和活动需求增加装饰设计和色彩细节的变化，加强街角、大型商铺出入口、公交站点的标识性和引导性，包括花园、雕塑、彩色路面和街景装饰物。同时结合不同的地方文化、商业主题、沿街建筑立面，统一协调、优化和确定街道家具的配置、风格和色调，设置美观实用的街道设施。

（4）商店立面设计

商业街道上的商店立面设计应能吸引顾客，并与周围环境协调一致，宜结合

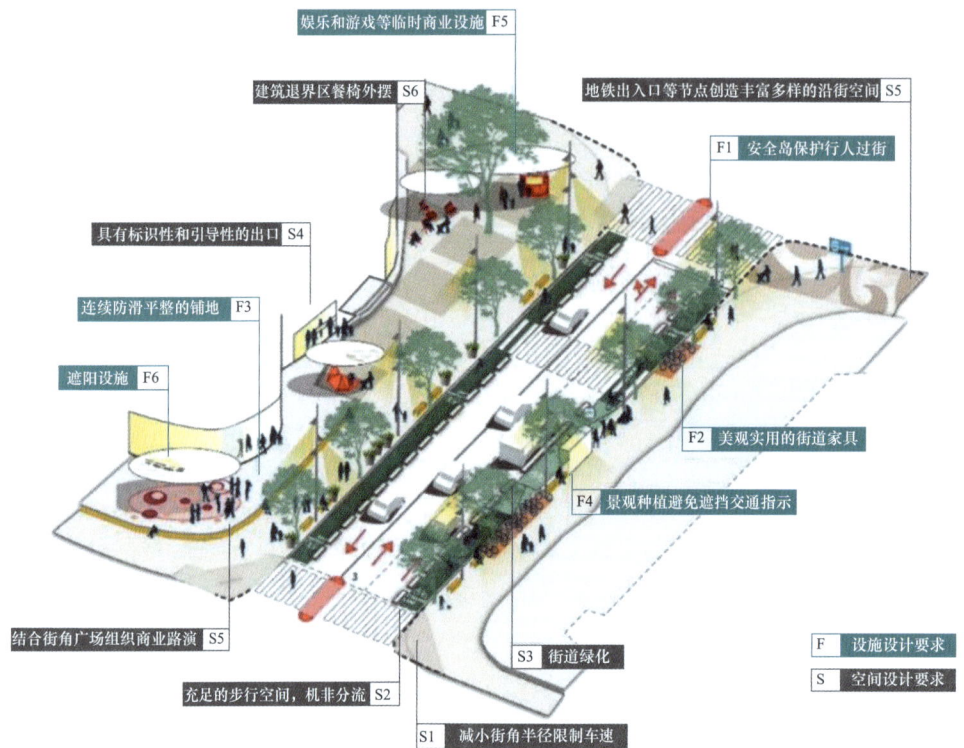

图 3.2 某市政道路空间设计

建筑界面和街道景观环境，统筹安排建筑装饰、店招牌匾、橱窗广告、夜间亮化、艺术小品等的布局和设计要求。

（5）商业配套设施

商业街道周围可能需要配套设施，如公共厕所、座椅、自行车停车架等，以提升顾客舒适度。

（6）夜间照明

商业街道的夜间照明应该设计成安全、温馨的环境，促进夜间经济和娱乐活动。

3.2 路面铺装美学设计

3.2.1 设计范围

我国对于现代道路铺装景观研究起步较晚，之前的几十年，对于道路的建设主要是以交通属性为主，而随着我国国力的强盛，道路的建设已完成了基本的路网布设，城市道路作为人们出行、停留最久的公共空间，已不再只承担到达的功能，而需考虑人文、心理方面的需求，担负实现城市景观的作用。

路面是道路的重要组成部分，它直接承受车辆荷载和自然因素的作用。道路的路基、路面设计应根据道路功能、类型和等级，结合沿线地形地质、水文气象及路用材料等条件，因地制宜、合理选材。工程设计单位应使用节能降耗型路面设计，积极应用路面材料再生利用技术，选择技术先进、经济合理、安全可靠、方便施工的路基路面结构。道路的路基路面设计须符合相关规范标准要求。现如今，铺装景观除用于美化环境、改善生存空间样貌外，也赋予了其指示交通的属性。如利用道路铺装以指示行人行走空间及方向，运用色彩强调空间的界限，给予用路者安全感与舒适感。

市政道路路面铺装设计范围包括人行道铺装和城市绿道铺装等，具体介绍如下。

1. 人行道铺装

人行道是城市道路步行功能区，也是道路与沿线街道空间的过渡区域，人行道铺装的舒适度和美观性，直接影响到城市道路的综合品质。随着市民对道路环境品质要求的提升，人行道铺装在满足基本功能的前提下，趋向于对精细化和美观化的关注，城市发展对道路工程设计和建设提出更高的要求。人行道是城市道路的重要组成部分，它设计的合理与否、建设质量的好坏，直接影响行人的方便与安全。当人行道因积水、泥泞等原因行走不便时，行人将会占用车行道，进而会影响车行道的交通畅通。

2. 城市绿道铺装

城市绿道是城市绿地系统的重要组成部分，是以自然景点或人造景观为载体而构成的线性绿色走廊。城市绿道是景观设计中的关键项目，其作用在于打破城市各绿地节点相互独立的局面，从而构成具有延性的绿色景观带，再融合为完整的城市绿地系统，以供居民休闲、娱乐。慢行绿道特指可供人们步行、骑车、轮滑等活动的绿道。慢行绿道将绿地、慢行空间有机地组织在一起，为居民营造出更为舒适、亲切的活动环境。同时，慢行绿道还可以为居民提供大量的社交机会。

城市绿道建设是有效推进绿地系统规划进程的重要方式。绿道的分布具有线性特点，以各景点为基础，通过绿道连接后再创建完整的城市绿地系统，实现"点—线—面"的层次性发展。在城市绿地生态系统中，绿道为核心脉络，除了缓解交通拥堵外，还具备休闲的功能，是营造安全生态环境的重要途径，契合了新时期国家"低碳、绿色、环保"的发展理念。

3.2.2 设计要点

1. 人行道铺装设计

（1）铺装材料

目前常用的人行道铺装材料主要包括预制砖材、石材和现浇材料等三类。

① 预制砖材。预制砖材主要有烧结砖、混凝土路面砖、水泥仿石砖、透水砖等品种。烧结砖是以黏土、页岩、煤矸石或粉煤灰为原料，经成型和高温焙烧而制得，具有透气性、吸水性、抗氧化等特点。烧结砖较为常用的是仿古砖，给人素雅、沉稳、古朴、自然的美感，可以在工程中应用于一些特定的城市区域，其缺点是尺寸受限，对于较宽的人行道不够大气，难以保证整体的平整度。烧结砖和混凝土路面砖适用于生活型城市次干道或支路，其规格较小，对于各种路况条件均具有良好的适应性；水泥仿石砖适用于线路较为顺直，人行道路幅较宽的交

通型主干道或次干道，某些品种的仿石砖外观效果及强度接近于石材，成为石材铺装的良好替代品；透水砖是近年来兴起的一种新型铺装材料，适用于生态要求较高的路段，或路面积水较为严重的特殊路段。

② 石材。常用于人行道铺装的石材品种有花岗岩板、青石板等，适用于景观需求较高的城市主干道、次干道或支路，具有良好的美观度、平整度、抗压强度和加工可塑性。天然石材具有硬度高、耐酸碱、耐摩擦、抗风化能力强的特点，外观色泽持久，尺寸可根据实际需求制作，缺点是造价较高，且不透水，单块较重，施工不便，属于高档的铺装材料。

③ 现浇材料。现浇材料主要有清水混凝土地面、彩色压印地坪、透水地坪等。相比其他铺装材料而言，现浇铺装材料的优势在于整体性和零附加，实现了表层和基层构造的一体化，其一次成型的施工特点既简化了施工工序，又有效节省了工程建设成本。

（2）铺装设计内容

① 色彩设计。人行道铺装进行设计时，一定要根据不同环境进行选择，确保整体效果良好。透水砖的色彩多样，一般有绿、黄、灰、红、灰等色彩，其整体色泽较淡；条纹步道色彩丰富，条纹分细、中、粗三类，颜色可根据石子色调而定，用水泥添加染料即可生产出五光十色的彩色条纹砖石；高强混凝土彩砖色彩亮丽，样式多样，通常为了功能划分，有黄、红、绿三种颜色，不同的色彩设计出不同的效果。

② 材质设计。质感包含了触觉质感与视觉质感。自然面的石板表现出原始的粗犷质感，而光面地砖透射出的是精致质感。利用不同质感的材料组合产生的对比效果会使铺装显得丰富多彩。

③ 形状设计。铺装的形状通过平面构成要素中的点、线和形来表达，如图 3.3 所示。点可以吸引人的视线，成为视觉焦点。线的运用相比于点较为多样：直线带来安定感，曲线具有流动感，折线和波浪线则具有起伏的动感。方形规整，由于其没有长宽不同的方向性，因而具有安定感；三角形零碎、尖锐，将三角形进行适当组合，可以形成具有特殊功能（如指向）的铺装图案；圆形在铺装中的运用通常通过鹅卵石等材质的组合来实现，多用于广场、园林等休闲场所。

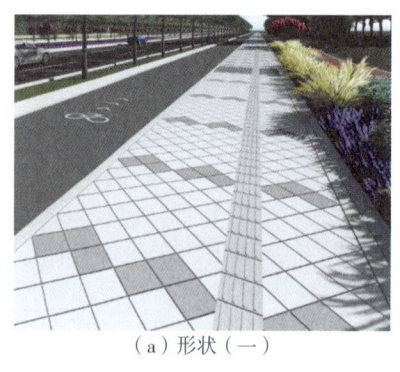 

（a）形状（一）　　　　　　　　（b）形状（二）

图 3.3　某人行道铺装形状设计

④ 尺度设计。人行道铺装由各种尺度的块件构成，如图 3.4 所示。所谓尺度，是空间或物体的大小与人体大小的相对关系，是设计中的一种度量方法。道路铺

装的尺度应与道路宽度相适应。以交通性为主的道路适宜采用整体性好、大尺度的铺装；而以居民停留休闲为主的空间，采用稍小尺度的铺装则显得更为精致；更小尺度的多种铺装组合，则可以增加趣味性。

（a）尺度（一）　　　　　　　　（b）尺度（二）

图 3.4　人行道铺装尺度设计示意

⑤ 图案设计。人行道铺装时，通过不同的图案设计，可以解决功能划分的问题。人行道铺装图案时，不但要解决功能问题，更应充分考虑与周边环境协调的问题，通过不同的图案，进一步突出城市主题，体现地方文化。

拼花图案是人行道常见的形式，在选定人行道面砖后，就应做好图案设计。实际操作中，需要根据道路情况进行科学设计，使得图案简洁、与周边协调。一般人行道是带状、宽度不大，为了保证效果，铺装拼花时多采用横条纹，这样就能够从视觉上给人以扩大的感觉，解决了条状道路的局促感。

2. 城市绿道铺装设计

城市绿道是连接城市各节点之间的连续型慢行交通系统，通常设计为与周边环境协调的红色或绿色路面，常见的做法是在原有灰色或黑色路面上加铺一层彩色耐磨耗层，起到防滑、美化环境和区分路权等作用。具体实施方案如水性彩色沥青绿道、彩色混凝土绿道，MMA（Methyl Methacrylate，甲基丙烯酸甲酯）彩色罩面等。

城市绿道铺装形式环境可设置成不同的铺装形式，以增加绿道的多样性及丰富性。当城市绿道经过农田、园地时，可设置成田园小道、机耕道的形式，采用碎石作为道路面层铺装，增加农田劳作及园艺栽培的真实感及趣味性；当经过滨水环境时，可采用栈桥、步汀等形式，以石材或防腐木板为道路面层铺装。

3.3　绿化景观美学设计

3.3.1　绿化景观的作用

城市道路绿化是城市绿化系统的重要组成部分，它体现了城市的绿化风貌与景观特色。改善和保护城市道路绿化，能够有效地改善城市的生态环境。城市道路的绿化水平也从侧面反映出一个城市的综合实力大小和经济发展水平。道路及配套的环境为城市的再发展，特别是招商引资、改善城市形象提供了强有力的支撑。优秀的道路绿化设计对提升城市形象具有直观的作用，是一个城市对外展示自身形象的重要窗口，通过道路系统可以了解一个地区的自然风貌和人文景观特色。因此，城市道路绿化景观设计应在满足绿化功能的前提下，充分应用各种设计手法，融合周边自然环境，把道路变成一条景观长廊。

当今的城市受到工业、交通、生活、建筑施工等的污染，通过在城市道路上巧妙地运用不同植物布置绿化景观，发挥植物丰富的表现力，能有效美化城市环境。在城市道路系统中建设绿化景观，能起到很好的遮阴和降温作用，夏季行人和车辆可以在绿化景观下避暑或防止被太阳暴晒。同时，绿化景观一定程度上也能起到调节气候的作用。城市道路上的绿色景观还可以起到分隔与组织交通的作用，诱导行车视线，对于提高道路行走和行车的安全性起到了很好的作用。因此，在城市道路中要合理地运用植物，以一定的科学、规律为指导，因地、因时制宜地选择，合理规划布局，形成有机的道路系统，从而创造出舒适优美的生活环境，这些对改善城市气候与生态环境等方面都有着积极的意义。

3.3.2 设计要点

绿化景观设计应充分考虑道路沿线的地形、地貌、土壤条件、市政设施、建筑等因素，选择合适的植物种类和配植方式，可以达到理想的绿化效果。毗邻山、河、湖、海、林、田、草的道路，其绿化应结合周围自然环境，留出透景线，突出自然景观特色。

1. 设计原则

（1）变化与统一

道路绿化设计时，绿植品种、形状、色彩及比例都要有一定的差异和变化，显示多样性，但树种之间又要保持一定的相似性，既富有变化，又和谐统一。道路绿化可以运用重复的方法体现植物景观的统一感，如等距离配植同种、同龄的行道树来保持整条道路绿化的统一性。除行道树之外，可以配植大小、高矮、形状、色彩等不同的植物，达到一种五彩缤纷、富有变化的植物景观。

（2）协调和对比

道路绿化设计时要注意植物间的相互联系与配合，利用植物间的相似性配植来产生协调感，创造出一种令人平静、舒适、愉悦的环境。此外，也可以利用植物间形态、色彩等不同，产生对比效果来突出主题或引人注目，如在大量绿色植物背景中，栽植几株红枫、紫叶李等，通过色彩对比丰富道路绿化景观。

（3）韵律和节奏

道路是一个带状空间，绿化设计时一些绿化与景观反复出现，可以利用这种重复给快速通过的人产生一种韵律感和节奏感。另外道路两侧的绿带设计，可以通过树木高低和疏密度的变化，产生变化丰富的林冠线和林缘线，给人以一种动态的韵律美。

2. 景观植物配置

（1）乔木的选择

在选择乔木品种时可以从以下几个方面入手：株形整齐，观赏价值较高，最好叶秋季变色，冬季可观树形，赏枝干；树木发芽早，落叶晚，适合本地区正常生长；晚秋落叶期在短时间内树叶即能落光，便于集中清扫；生命力强，病害少，便于管理，管理费用低；行道树树冠整齐，分支点足够高，主枝伸张，叶片紧密，有浓荫；有一定的耐污染、抗烟尘的能力。

（2）灌木的选择

由于灌木可以更多地应用于分车带与人行道绿带，可以遮挡视线、减弱噪声，因此，选择品种时可以从以下几个方面入手：株形完美，植株无刺或少刺，耐修剪，可人工修剪控制其树形和高度，能耐灰尘和路面辐射。

（3）地被植物的选择

我国南北方的气候存在明显的差异，北方多数城市会选择冷季型草坪作为地被植物，并根据气候、温度、湿度、土壤等条件选择适合的草坪草种，这对保障草坪功能和景观效果至关重要。

（4）草本花卉的选择

一般露地花卉以宿根花卉为主，与乔灌草巧妙搭配。配置时在重点部位用一、二年生草本花卉点缀，不宜过多使用。

3.4 交通岛美学设计

3.4.1 交通岛的作用

交通岛是控制车流行驶路线和保护行人安全而布设在交叉口范围内的岛屿状构造物。交通岛按其功能及布置位置可分为导流岛、分隔岛和安全岛。交通绿岛是指经过绿化的交通岛用地。它作为城市道路绿化的一部分，形成了独具特色的城市节点性景观。

交通岛作为城市道路绿化及城市绿地系统的有机组成部分，具有吸尘、减噪、制氧、调湿等生态作用，提高了城市道路环境质量，从而改善了城市生态环境。交通岛的设置有效地控制了交通的节奏，引导不同性质交通的科学分流，缓解了城市交通压力。通过对交通岛的合理绿化，突出交通岛外缘的线性，显示道路的空间界限，有利于诱导司机的行车视线，特别是在雪天、雾天、雨天，可弥补交通标线的不足，极大地保证行车的安全性。同时，利用不同的绿化配置，增强道路的识别性和方向性，便于绕行车辆的司机准确、快速地识别各路口。此外，交通岛还可以保障行人、非机动车安全通过路口，提高整个交叉口的运行效率，确保交通安全。

考虑到交通岛在城市交通中的重要作用，在注重提升交通岛防护水平的同时，应通过特色文化小品与植物造景相结合的方式，打造错落有致、和谐统一、层次分明的交通岛绿地，保障城市交通安全，打造城市道路绿化景观，增加市民归属感，并提升文化自信。

3.4.2 设计要点

作为城市重要的标志性景观，城市交通岛打破了单一、连续的线性道路绿化模式，构成整个线性景观中的亮点，其美化设计有其独特的特点及要求，具体有以下三个方面的内容。

(1) 注重地方特色植物种类的表达

交通岛的绿化景观应该反映这个城市的形象与特色，应根据城市特性来进行交通岛绿化景观设计。配植地方特色的基调树种，营造舒适、通透的气氛，给行人提供驻足、观赏的空间，缓解因交通不便造成的不良情绪。重视地方特色植物之美，注重疏密通透、有主有次，植物季相变化丰富，游人移步换景，不同时间、不同角度都能观赏到景色之美。

(2) 选择多样性植物景观

交通岛绿化应改变树种单一、地被配置过于重复的现象。城市交通岛绿地的植物选择应坚持多样性原则，使不同交通绿化树种的配置手法不同，形成各具特色的交通岛景观。根据城市道路不同地段的布局特点和性质，在以乡土树种为主的前提下，大力推广适应当地自然环境条件的异地树种，以提高城市交通岛绿化的档次，形成不同的交通岛景观特色及带与区块的效果，充分注重常绿植物与落叶乔木、灌木、地被和花卉的配置，注重交通岛绿化带立体层次和平面的整洁性。

(3) 融入地区特色文化元素

交通岛作为城市道路的重要节点，应充分发挥其文化导向作用。设计交通岛绿化时，应结合当地历史，融入特色文化元素，将文化创意融入景观设计，使行人在潜移默化中形成对城市文化的认同感及城市归属感。在城市交通岛绿化中注重对文化的表达，将文化遗产、名人轶事、文物古迹等文化素材通过提炼、创新设计成艺术小品或与交通岛绿化相结合，来增加交通岛的形态美感、提升城市文化内涵。在文化旅游景点或城市公共空间附近的交通岛内，设置合乎交通安全且具有地方特色的导向标识牌，从而建立完备的文化标识系统，便于市民形成对城市整体的空间意象，并提升城市形象。

3.5 防护与支挡美学设计

3.5.1 设计范围

1. 道路挡墙

挡墙是指支承路基填土或山坡土体，防止填土或土体变形失稳的构造物。挡墙是基础设施建设中常用的结构，目前，挡墙已不仅满足其功能上的要求，而是在景观上运用艺术手法与植被、框架、装饰等结合，在空间环境中起到强化空间结构、增加空间层次、美化空间环境的作用。挡墙的绿化可经济地利用土地和空间，有效地增加绿化量，增强吸收辐射、降低温度、减弱噪声，对维持生态平衡具有重要作用。

挡墙的设计应与周围环境充分协调，颜色、外观、形状应设计合理。对于重力式挡墙，可在墙面上进行景观设计，如进行具有城市特色意义的雕刻、绘画等。对于锚固式及加筋土挡墙，应对锚杆头进行美化设计，保证其与环境的充分融合，使其具有整洁美观的外形。

2. 道路边坡

道路边坡是为保证路基稳定，在路基两侧做成的具有一定坡度的坡面。道路边坡绿化应该坚持保证地质稳定的安全性原则，保护自然环境的生态性原则，遵循绿色低碳的环保性原则，植物防护优先的景观性原则。道路边坡美学设计的作用主要有以下四点。

（1）改善道路景观，恢复沿线的生态环境

通过道路两侧的绿化，使沿线的环境得到改善，特别是四季交替变化的树木花草，赋予了道路沿线不同的景观，给司机和乘客提供了动态变化的视野景观。

（2）净化空气，减弱噪声

行驶在道路上的车辆会排放出有害气体，加上尘土，严重污染了大气环境。而绿色植物能吸收大量的二氧化碳等气体，对大气环境有一定的净化作用，同时也能有效地减弱来自道路上的噪声。

（3）防止冲刷，提高路基的稳定性

植物能够固结土壤，吸收水分，减小道路边坡的地表径流，从而大大降低了雨水的冲刷能力，不仅明显地提高了路基的稳定性，而且降低了工程费用。

（4）改善路表状况，延长道路使用寿命

道路两侧的树木花草可以为道路本身挡风遮雨，有效地减轻了地表水对路面的冲刷、渗透等破坏作用。特别在高温季节，它们能大大降低路表的温度，从而提高道路的使用质量，延长使用寿命。

3.5.2 设计要点

1. 道路挡墙

不同形式的挡墙给人的艺术感不同，不同材料产生的景观效果也不同。设计道路挡墙时要根据建设条件与功能需求，因地制宜，并考虑景观因素。

（1）结构尺寸

挡墙高度较高时，通常可以采用"化整为零"或"化大为小"的设计手法。因为高差较大时，容易产生压抑感，应化整为零，将整个高差弱化，分阶处理，修筑成多阶式的挡墙，其平台还可以种植观赏性植被。或者通过"化大为小"，将整个巨大的挡墙分为若干个有联系的部分，形成较好的观赏性。

（2）墙面装饰

墙面装饰可以通过很多方面表达，而装饰的内容也是丰富多样的。根据地域环境、历史文化特色及主题功能，表达方式既可抽象，也可具体。在其基本的防护功能基础上，将平面、立面设计和墙面装饰运用其中，并且与材料的色彩、质感及植被等结合，使其同时具有一定的观赏性。

（3）材料的质感与色彩

材料的质感、色彩、纹理等是通过人的感官体现出来的。随着景观材料的丰富、设计手法的大胆创新，挡墙的材料由原来的普通砖石、混凝土等，渐渐转向彩色水泥混凝土、天然石材、钢材等。

（4）与植物结合的挡墙

植物作为景观元素中不可缺少的要素，与挡墙结合使用，对挡墙的局部或者全部遮挡，既能使呆板的墙面具有生气，也能使生硬的挡墙美化。挡墙的绿化包括墙顶绿化、墙底绿化和墙面绿化。在具体设计时，植被要根据"因地制宜"的思想进行选择。在时间上，植物的生根发芽、色彩变化与静止的挡墙相呼应。

2. 道路边坡

道路边坡美学设计的基本元素有两个：植物和人工构造物。这些元素的形态、颜色、线条在空间上的不同组合，构成了丰富多彩的边坡景观。

（1）边坡植物绿化

坡面较大且较缓，周边植被较好的边坡可采用植物绿化，如图3.5所示。其中土质较好的边坡可采用"植草＋灌木"，土质较差的边坡可采用挂三维网喷播、土工格网喷播等，对于土质边坡种草，铺草皮植树是较为合理的方式。

（a）绿化（一）　　　　　（b）绿化（二）

图3.5　某道路边坡植物绿化

（2）骨架植草

相对较陡或较不稳定的坡面，需做骨架防护，并在骨架内植草。骨架型式可采用各种造型，如菱形、扇形、鱼鳞形、曲线型等，如图3.6所示。

（a）骨架植草（一）　　　　　（b）骨架植草（二）

图3.6　某道路骨架植草

（3）镂空护坡

对于必须做满铺砌体防护的坡面，可在不影响结构稳定的前提下，将护坡局部镂空植草，以此构造各种图案，避免坡面呆板。

（4）装饰浮雕、彩绘

重要的节点如互通、高速路进出口、主要景点处的边坡上可采用装饰浮雕（图3.7）、彩绘的形式来展现特色的人文景观。

（a）边坡装饰浮雕（一）　　　　　（b）边坡装饰浮雕（二）

图3.7　某道路边坡装饰浮雕

3.6　附属构件美学设计

3.6.1　设计范围

1. 树池

树池是城市道路路面绿化的重要组成部分。树池以其色彩、形状和与地平面的高差等特征来定义空间的边界，改变了铺装场地及建筑物构成的大空间。设计者可以用植物将树池分割出一个个生机盎然的小空间。树池能很好地将座椅融入绿色之中，不仅起到绝佳的观景效果，还能为人们提供舒适、惬意的休息场所。

树池不仅可以为树木提供成长的空间，也具有一定的艺术性，以满足人们审美精神层面的需求。树池设计是一种艺术，增加树池的艺术性，对于城市的风貌具有十分重要的意义。树池的造型、材质、色彩、图案等方面要与周围环境相协调，共同构成和谐优美的环境氛围。

2. 井盖

窨井是指在电力通信、燃气、供热、供水、排水、有线电视、交通信号与监控等方面用于连接、检查、维护的竖向构筑物，由基座、井身、井颈和井盖组成。井盖一般有圆形和方形两种。随着城市建设加快和人民生活水平提高，对城市建设的要求也就更高，路面井盖就成了影响路面路容的重要因素。

城市建设的快速发展，必然导致城市道路地下管线的数量及工程复杂性增加，不少管线的检查井不可避免地设置于机动车道。由于传统井盖设计的缺陷，造成路面井盖下沉，还使路面到处是伤疤。井盖周边路面开裂、破损、沉陷及行车噪声等是普遍存在的道路质量问题。同时，井盖周围的道路病害极大程度上降低了行车舒适度，且其存在的安全隐患甚至引起的交通事故，对驾驶员及行人等造成一定伤害。国内外对井盖性能也有普遍的研究，但路面井盖沉降、损坏、强度不够等问题仍然普遍存在。因此，对井盖的研究仍需继续，从而让井盖变得安全、耐用、美观，且具有丰富的文化特色。

3. 雨水算子

道路雨水算子是道路下水道口的一种用以隔物的器具。城市道路上的雨水口上面都设有箅子，可以防止较大的杂物落入雨水口内。雨水箅子应具有外形简洁、易排水、高强度、成本低等特点。道路雨水口通常采用钢格板雨水箅子。随着科技的发展，雨水箅子开始采用树脂或塑料，用钢筋做筋，加无机填料形成一种全新的复合水箅子。这种复合水箅子的优点是自重轻，成本造价低，缺点是强度没有铸铁雨水箅子高。

3.6.2 设计要点

1. 树池设计

树池设计首先要预留空间，以应对浇水、径变粗和树根上浮等植物生长需求。同时，出于减少扬尘的考虑，应尽量避免覆土裸露。树池要易于管理和维护，并且具有一定的耐久性。树池设计中可以通过图案、符号和文字等传递城市信息。通过增加构筑物以及多个树池连通等做法，为人们的各类活动提供可能性，从而提升空间活力和品质。

（1）平地式树池

平地式树池是树池边框和树池覆盖物与路面基本持平的做法。这类树池上方可以作为步行空间，增加人行道通行宽度。树池内有不同材质的覆盖物，保留树木生长的空间，保证树池内的渗水与透气性，也能够对树池裸露的泥土进行覆盖，从而达到减少扬尘的目的，如图 3.8 所示。

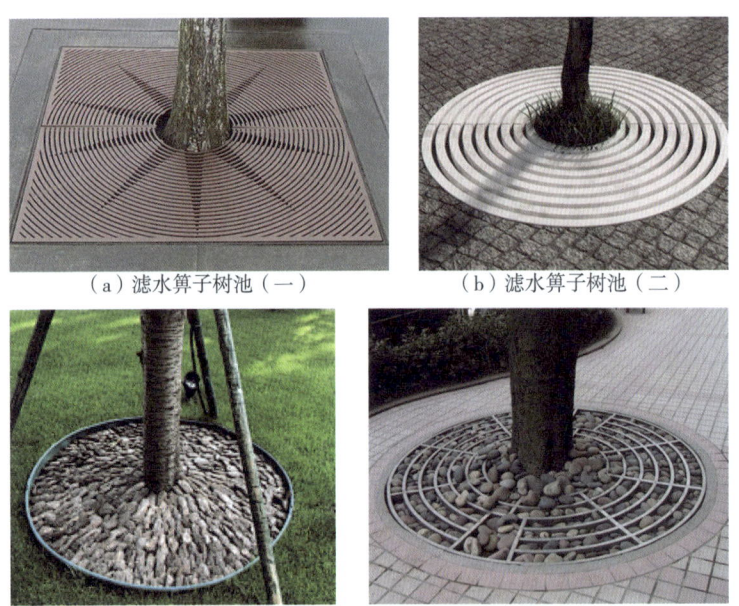

（a）滤水箅子树池（一）　　（b）滤水箅子树池（二）

（c）碎石子覆盖树池　　（d）滤水箅子+碎石子树池

图 3.8　某道路平地式树池设计

（2）高台式树池

高台式树池是指树池四周的维护体高于树池周边路面的做法。高台式树池构筑物可大可小，可设计为座椅式树池或多功能型树池，从而提高空间的使用价值，如图 3.9 所示。

(a)座椅树池(一)　　　　　　　(b)座椅树池(二)

(c)多功能树池　　　　　　　　(d)山水艺术树池

图 3.9　某道路高台式树池

2. 路面井盖设计

路面井盖设计应尽量避免设置在机动车道上,可以加大路面井盖距离,从而减少路面井盖的数量。

目前对井盖的研究主要集中在结构防盗、防沉降、使用新型材料等方面。设计中可以把具有特色的传统文化元素融入其中,如在井盖上镌刻当地著名的历史建筑,描绘当地文化特色,以增添文化气息。

3. 雨水箅子设计

目前,就雨水口的堵塞、泥沙分离和防臭等问题,涌现出许多针对传统雨水口问题的创新设计,已有部分城市更换了新型雨水口设施,一定程度上缓解了道路雨水口的问题,如图 3.10 所示。

(a)雨水箅子图案镂空　　　　　(b)雨水箅子图形装饰

图 3.10　道路雨水箅子设计示意

4 桥梁工程

4.1 桥梁的美学分类

在桥梁工程学中，根据结构的力学特性对桥梁进行分类，有助于理解各类桥梁的基本特征。这种分类以主要受力构件为依据，主要分为梁桥、拱桥、刚架桥、斜拉桥和悬索桥五大类。从美学角度来看，这五类桥梁具有不同的审美特性。

4.1.1 标准段桥梁

从工程美学的角度来看，标准段桥梁通常指的是那些具有标准化设计元素和跨径的桥梁，多为梁桥。梁桥，也称为梁式桥，以主梁作为主要承重构件，主梁可以是实腹梁或桁架梁，特点是主梁主要承受弯曲力。实腹梁通常使用钢筋混凝土或预应力混凝土作为主要材料，适用于中小跨径。实腹梁按截面形式可分为板梁、T梁或箱型梁等。桁架梁一般采用钢材料，桁架中的杆件主要承受轴向力。梁桥的特点是桥跨的承载结构由梁组成。在竖向荷载作用下，梁的支承处仅产生竖向反力而无水平反力（推力），梁的内力以弯矩和剪力为主。

梁桥在功能和形式上都遵循一定的规律，通常情况下标准段桥梁的上部梁体是等断面的，这类桥梁的主要美学设计在于其下部结构。梁桥根据其结构特点和可跨越距离，主要分为以下几类。

1. 简支梁桥

这是最常见的标准段桥梁类型，以其简单的结构和经济的建造成本而被广泛应用。它们通常由预制的梁元素组成，跨越较短的距离，如图4.1所示。简支梁桥的跨越能力有限（一般在50m以下），当计算跨径小于25m时，通常采用混凝土材料；当计算跨径大于25m时，多采用预应力混凝土材料。

图4.1 某简支梁桥示意

2. 连续梁桥

与简支梁桥相比,连续梁桥可以跨越更长的距离,因为它们的梁元素在多个支点之间连续,从而提高了结构的整体性和稳定性。

3. 箱梁桥

箱梁桥的主要特点是截面呈箱形,这种设计增强了桥梁的扭转刚度和整体稳定性,适合承受重载和跨越较大距离。

4.1.2 特殊结构桥梁

与标准段桥梁不同,特殊结构桥梁则是为了适应特定的地理环境或满足独特的设计要求而建造的。这些桥梁往往具有复杂的结构形式,如拱桥、刚架桥、斜拉桥、悬索桥和桁架桥等,不仅在技术上具有挑战性,也在视觉上提供了独特的美感。

1. 拱桥

拱桥的主要承重构件是拱肋,其受力特点是拱肋主要承受压力,而支承处存在水平推力,如图4.2所示。拱桥的主要材料包括圬工和钢筋混凝土,其跨径可以从几十米到三百多米不等。拱桥的优点是跨越能力强,与其他桥型相比,可以节省大量钢材和水泥,且维护成本低,外观美观,结构简单。但拱桥的缺点是对地基要求高,且在平原地区建造时,由于建筑较高,会增加接线工程和桥面纵坡量,不利于行车。

图4.2 某拱桥示意

2. 刚架桥

刚架桥是桥跨结构和墩台结构整体相连的桥梁,其中支柱与主梁共同受力,如图4.3所示。刚架桥的特点是支柱与主梁刚性连接,在主梁端部产生负弯矩,减少了跨中截面的正弯矩。刚架桥主要使用钢筋混凝土作为材料,适用于中小跨度,常用于立交桥和高架桥等。刚架桥的优点是外形尺寸小,桥下净空大,视野开阔,混凝土用量少。然而,刚架桥的缺点是基础造价高,钢筋用量大,且为超静定结构，可能产生次内力。

图 4.3　某刚架桥示意

3. 斜拉桥

斜拉桥的主要承重构件包括梁、索和塔，如图 4.4 所示。斜拉桥利用索塔上的斜拉索在梁跨内增加弹性支承，减小梁内弯矩，从而增大跨径。斜拉桥的主要材料为预应力钢索、混凝土和钢材，适用于中等或大型桥梁。斜拉桥的优点是梁体尺寸较小，跨越能力强，抗风稳定性好；缺点是计算复杂，索与梁或塔的连接构造复杂，且施工中高空作业较多，施工技术要求严格。

图 4.4　某斜拉桥示意

4. 悬索桥

悬索桥的主要承重构件是主缆，其受力特点是外荷载通过系杆传递到主缆，再到两端的锚锭，如图 4.5 所示。悬索桥的主要材料同样为预应力钢索、混凝土和钢材，适用于大型及超大型桥梁。悬索桥的优点是跨越能力极强，但缺点是整体刚度小，抗风稳定性较差，且需要大型的锚锭，造价高。

图 4.5 某悬索桥示意

5. 桁架桥

桁架桥指的是以桁架作为上部结构主要承重构件的桥梁，如图 4.6 所示。桁架桥一般由主桁架、上下水平纵向联结系、桥门架、中间横撑架以及桥面系组成。在桁架中，弦杆是组成桁架外围的杆件，包括上弦杆和下弦杆，连接上、下弦杆的杆件称为腹杆，按腹杆方向之不同又分为斜杆和竖杆。弦杆与腹杆所在的平面称为主桁平面。大跨度桥架的桥高沿跨径方向变化，形成曲弦桁架；中、小跨度采用不变的桁高，即平弦桁架或直弦桁架。

图 4.6 某桁架桥示意

4.2 桥梁工程设计原则和要点

4.2.1 总体设计原则

1. 安全实用

桥梁设计首要考虑的是安全性，确保结构在各种负载下的稳定性和耐久性，应注重实用性，满足交通流量、荷载要求，具有环境适应性。

2. 技术可行性

技术方案必须可行，应用成熟的工程技术和创新方法以提高结构性能。设计应考虑施工技术的限制和维护管理的便利性。

3. 美观与经济

经济性和美观性虽有矛盾，但应统一考虑。在不影响结构安全和功能的前提下，追求美观是值得的。设计、施工和养护管理阶段都应考虑成本与美观的平衡。

4.2.2 设计要点

在建筑设计中，质地、外观、形状、象征性和表达性通常通过装饰手法来实现。然而，在桥梁设计中，这种方法并不适用。桥梁的美学不仅体现在其外观上，更体现在结构形象和功能的完美结合。桥梁设计强调的是力学的合理性和结构形态的科学性，这要求设计不仅要美观，还要在结构上严谨、在功能上完善。桥梁设计的创新基于确定的结构体系，而不是单纯追求形态上的个性化。桥梁的每一次创新都是工程师集体智慧的结晶，是多方协作的成果。它们不仅要在技术上可行，还要在经济上合理，最终实现既美观又实用的设计目标。因此，桥梁设计不仅是一项技术工程，更是一种艺术创作。它要求设计师深入理解和运用力学原理，同时也要创造性地思考如何将这些原理转化为美观、耐用且与环境和谐相融的结构。这样的设计不仅能够满足实用性和安全性的需求，还能提升城市的美学价值，为公众提供欣赏和使用的空间。桥梁的设计要点主要有以下六个方面的内容。

1. 形态与环境的和谐

桥梁的设计应与周围环境相得益彰，无论是自然景观还是城市建筑，应考虑桥梁的比例、线条和整体形状，使其成为环境中的一个亮点。

2. 结构的美感

结构设计不仅要满足功能需求，还应展现出美学价值。通过材料、颜色和纹理的选择，以及结构细节的处理，增强视觉效果。

3. 功能与美学的平衡

在满足交通、荷载等功能性需求的同时，也要追求美感。功能性和美学应相辅相成，共同构成桥梁设计的核心。

4. 创新与独创性

鼓励在设计中采用创新思维，创造独特且记忆深刻的桥梁。独创性是桥梁设计中的要素，有助于提升桥梁的标志性和辨识度。

5. 色彩与材质的处理

色彩应与环境协调，同时突出桥梁的特点。材质的选择不仅影响桥梁的耐久性，也影响其美观性和维护成本。

6. 可持续性与环保

设计中应考虑桥梁的可持续性，使用环保材料，减少对环境的影响。可持续设计有助于降低桥梁的生命周期成本，并提升社会价值。

这些要点是桥梁工程美学设计中不可或缺的部分，它们共同决定了桥梁的美学价值和社会功能。在实际设计过程中，工程师和设计师需要综合考虑这些因素，以创造出既实用又美观，能够融入环境并成为地标性建筑的桥梁。

4.3 桥梁工程美学设计

4.3.1 标准段桥梁美学设计

标准段桥梁的工程美学设计不仅关注桥梁的功能性和结构安全，还强调桥梁的视觉效果和环境融合。美学设计使桥梁成为连接空间的载体的同时，也是一件艺术品，能够提升周围环境的美感，给人们带来审美上的享受。此外，工程美学还考虑到材料的选择、色彩的搭配，这些都是提升桥梁整体美感的重要因素。工程师和设计师应努力平衡桥梁的实用性、经济性与美观性，以创造出既安全又吸引人的结构。

由于这类桥梁上部为标准的一种或者几种断面设计，因此这类桥梁的工程美学设计应该在桥梁下部结构做出更多有特点的桥梁，多数情况下，标准段桥梁的下部结构的工程美学设计往往能带来与众不同的视觉风格。桥墩的结构美学设计应该遵循以下几点要求。

1. 力学与形式美

桥墩要受力承重，其形体不仅要与周围建筑风格、城市特色及自然景观和谐相融，而且需要在视觉上产生稳定感。

2. 空间性

城市环境空间有限，因此桥下空间的有效利用尤为重要。桥墩的设计应考虑到桥下空间的潜在用途，从而进行综合设计。

3. 简洁性

城市高架桥的桥墩数量庞大，为了尽量减少视觉上的拥堵感，应该尽量将桥墩设计得简洁统一并富有特点，造型追求空间上大面积的变化。

4. 协调性

桥墩的设计应与上部结构的风格相协调。例如，若上部结构采用鱼腹梁，则桥墩应设计成柔和的形态；若上部结构线条硬朗，则桥墩也应呈现出相匹配的风格。

5. 经济性

桥墩一般分为上部柱头和下部标准段,标准段的长度可调,可适应桥梁全线的高差变化,柱头的类型应该尽量减少,造型的设计应尽量减少后期施工过程中双曲模板的使用,因此,应统筹全线桥墩的工程情况进行综合设计。

4.3.2 特殊结构桥梁美学设计

1. 拱桥

拱桥具有优雅的曲线和力学特性,能够以最少的材料跨越宽广的空间,其形态多样,从单一的圆形拱到复杂的异形拱都有,如图4.7所示。

图 4.7　某拱桥美学设计示意

2. 刚架桥

刚架桥以墩梁固结的刚劲线条与柔和的连续拱形形成韵律感,通过简洁的几何形态与自然环境相融,既凸显钢筋混凝土的厚重力量,又传递古典与现代融合的艺术张力,如图4.8所示。

图 4.8　某刚架桥美学设计示意

3. 悬索桥

悬索桥以主缆和悬挂的垂直索为特征，通常用于跨越非常宽阔的水域或峡谷。它们的设计往往非常细长且优雅，如图4.9所示。

图4.9　某悬索桥美学设计示意

4. 斜拉桥

斜拉桥通过直接将桥面与塔架连接的斜拉索来支撑桥面，其结构简洁，线条明快，是现代桥梁设计中的一种流行形式，如图4.10所示。

图4.10　某斜拉桥美学设计示意

5. 桁架桥

桁架桥由交叉的三角形构件组成，结构坚固，经济实用，其独特的结构形式也具有很高的视觉识别度，如图4.11所示。

图 4.11 某桁架桥美学设计示意

总之,特殊结构桥梁追求的不仅仅是功能和结构的完善,更是对美的探索和表达。特殊结构桥梁的设计往往需要考虑到与环境的和谐共存,以及如何在满足功能需求的同时,创造出具有标志性和记忆点的视觉形象。这些桥梁成为城市和自然景观中的亮点,提升了公共空间的美学价值,同时也反映了一个地区的文化和技术水平。在实践中,工程师和设计师会利用创新的材料和技术,结合地形地貌和文化背景,设计出既安全可靠又美观大方的特殊结构桥梁。这些桥梁不仅是交通工具的载体,更是艺术创作和科技创新的结晶。因此,特殊结构桥梁的工程美学设计不仅对提升城市形象和居民生活质量有着重要意义,也是美学创意设计师和桥梁工程师展现创造力和技术力的舞台。

5 隧道工程

5.1 隧道洞口美学设计

5.1.1 设计范围

1. 隧道洞口减光设施

在晴朗的白天,车辆驶入隧道时照明光源由自然光转换为人工照明,照度变小,驾驶员视野中的天空、路面、附近建筑物等的亮度远较隧道内的亮度高,无法辨认洞口附近情况;车辆在驶出隧道时照明光源由人工照明转换为自然光,照度变大,从隧道内较暗的环境切换到隧道外部较亮的环境,驾驶员感受到强烈的炫光。由于两者光强的差异,驾驶员需要一定的调整时间以适应光强的变化,在车速较快的情况下,洞内外照度的突变与驾驶员反应时间的不足易产生"黑洞"与"白洞"效应,诱发交通事故。因此,需在敞开段设置一定长度的均匀减光建筑物——隧道光过渡段。光过渡段的设计需与城市隧道洞口景观的处理相结合,体现"以人为本"的理念。随着城市下穿隧道的大量建设,隧道光过渡段的美学要求越来越高。

隧道洞口的减光措施可归纳为三大类:设置减光构筑物、利用植被减光以及控制洞外景物的表面亮度。遮阳棚与遮光棚是隧道洞口的常用减光形式。遮阳棚的构造特点主要是在钢筋混凝土梁上嵌装透明或半透明材料,以降低洞口处视野亮度;遮光棚的构造主要是在隧道U形槽两侧挡墙上架设钢筋混凝土梁以降低洞口视野亮度,如图5.1所示。

(a)遮阳棚　　　　　　　　　(b)遮光棚

图5.1　遮阳棚与遮光棚示意

2. 隧道洞口装饰

隧道洞口景观的设计主要包含洞口本体形态与背景山体的融合、洞口前绿植景观与山体植被的对应性、洞口标志、指示牌以及雕塑等艺术形式;隧道洞口周边多与山体相连并处于自然环境之中,应尽量做到保护当地自然环境,与植物、山石相统一,形成整体性的景观。隧道洞口景观设计考虑范围包含洞口、侧墙、背景山体、绿植、道路以及洞口前的绿地。周边环境的变化在决定洞口结构的体形上起着重要的作用。

3. 隧道出入口引道段

因为城市下穿隧道一般具有下穿的特点,即隧道内部往往位于普通城市道路的下方,所以其入口段的引道段通常是下坡,而出口段正好相反,即为上坡,如图 5.2 所示。

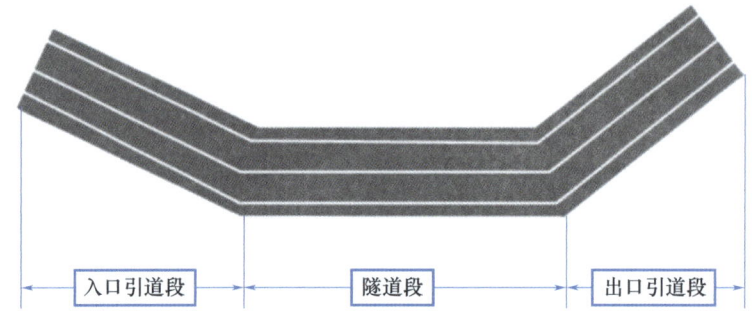

图 5.2 城市下穿隧道示意图

城市下穿隧道由于身处城市道路网中特殊的地理位置,且承担着重要的功能,通常情况下只允许机动车行驶,其主要的交通参与者为驾驶员和乘客。与普通公路隧道相比,城市下穿隧道的交通组成较为单一,主要有普通小汽车与公交车。

城市下穿隧道内参照物较少,驾驶员容易错误估计车速,导致遭遇紧急情况时来不及采取制动措施。城市下穿隧道进出口的引道段通常为下坡和上坡,在下坡时,车辆速度容易过大;上坡时,视距范围受限,驾驶员易加速冲坡。这两种情况如遇紧急情况容易刹车不及时导致追尾事故。城市下穿隧道出入口处照度对比非常剧烈,驾驶员会经历明暗反应的过程,视力需要一段时间恢复,此时若驾驶速度过快,如遇突发情况,驾驶员躲闪不及也易引发追尾事故。

5.1.2 设计要点

1. 隧道遮光棚

隧道遮光棚等隧道洞口减光设施设计在工程设计中需结合实际功能需求,减弱隧道入口洞内外亮度差异,实现视觉过渡。优秀的隧道洞口景观设计不仅可以改善行车环境、愉悦驾驶员和乘客的旅途心情、满足人的精神需求,还能提振驾驶员情绪、科学诱导驾驶员视线、集中驾驶注意力,进而减少交通事故,保障行车安全。隧道遮光棚的外观形象和功能性直接影响着城市形象和居民生活质量。因此,如何将遮光棚设计成既满足交通功能又能融入城市景观的元素,是当前市政公路隧道设计面临的一个重要课题。市政公路隧道遮光棚的设计要点包括形态、材质、色彩、灯光、植物等。

(1) 形态

遮光棚的形态是指遮光棚的外形、结构、尺寸等方面。遮光棚的设计需要考虑遮光棚与隧道口、路堑、山体等的协调性,以及遮光棚与地域特色、风貌表达等的契合度。遮光棚的形态可以有多种选择,如喇叭式、棚式、拱形、波浪形、削竹形等,可以根据设计概念和创意进行变化和组合。在洞门设计的主观评价中,削竹式洞门的综合评价最高，拱形端墙式洞门在舒适性、稳定性和个性方面均较好，喇叭式洞门的个性评价最高。

遮光棚的形态应符合的原则有功能性、美学性和生态性三个方面。功能性：遮光棚的形态应该能有效地控制光线变化，根据不同季节、时间、天气等条件调节遮光效果，同时也要考虑通风、排水、防雪等因素。其美学性：遮光棚的形态应该能与周边环境和文化相协调，反映出地域特色和风貌表达，同时也要有一定的创新性和艺术性，增加遮光棚的视觉吸引力，如图5.3所示。其生态性：遮光棚的形态应该能尽量减少对自然环境的干扰和破坏，也可根据具体的工程条件将遮光棚与景观绿化相结合设计。

图5.3　遮光棚形态的美学性

（2）材质

遮光棚的材质是指遮光棚的结构和面板所采用的材料，需要考虑材料的稳定性、耐久性、抗风能力、抗震能力等，同时也需要考虑材料的透明度、反射率等。遮光棚的材质可以有多种选择，如钢结构、玻璃、塑料、金属网等，可以根据功能需求和美学效果进行选择和搭配，如图5.4所示。

图5.4　沿江高速下沉改造——隧道洞门

（3）色彩

遮光棚的色彩是指遮光棚的结构和面板所呈现的颜色，需要考虑色彩的搭配、对比、调和等，以营造遮光棚的氛围，同时也需要考虑色彩与结构、面板、图案、环境等的协调性和统一性。遮光棚的色彩可以有多种选择，如自然色、组合色等，可以根据设计概念和主题进行选择和运用。

（4）灯光

遮光棚的灯光是指遮光棚内部或外部设置的照明设备，需要考虑灯光的亮度、色温、方向等，以提高行车安全和舒适性，同时也需要考虑灯光与结构、面板、图案、色彩等的协调性和统一性。遮光棚的灯光可以有多种选择，如日光灯、LED 灯、投影灯等，可以根据功能需求和美学效果进行选择和布置，如图 5.5 和图 5.6 所示。

图 5.5　石家庄迎旭门隧道夜景亮化

图 5.6　石家庄学苑路隧道夜景亮化

（5）植物

遮光棚的植物是指在遮光棚周围或上方种植或附着的植物，需要考虑植物的生长条件、生态效益、景观效果等，以增加遮光棚的生态性和美观性，同时也需要考虑植物与结构、嵌板、色彩等的协调性和统一性。遮光棚的植物可以有多种选择，如草皮、藤蔓、花卉等，可以根据环境条件和设计策略进行选择和配置。

2. 隧道洞口装饰设计

洞门作为隧道空间的边界，不仅要具备防护、调光等功能，还应具备景观功能。它展示了结构的合理性、形象设计的艺术性、生态环境的可持续性，能够最大限度地减少人工开挖，对原有环境破坏较小，且与自然环境相互协调。因此，设计应注重从生态角度出发，以与环境相融合为主要设计策略。

3. 隧道出入口引道段设计

在城市下穿隧道入口引道段，红黄色组合侧墙图案对驾驶员的综合效果最佳，能有效提高驾驶员的警惕性，降低驾驶员行车速度；隧道段侧墙彩色图案对于隧道长度 50m、100m 的影响效果较佳，随着隧道长度的增加，侧墙图案效果有减弱的趋势；在城市下穿隧道出口引道段，黄黑色组合侧墙图案对驾驶员的综合效果最佳，起到了提高驾驶员警惕性与降低驾驶员行车速度的作用。

除了图案标识之外，下穿隧道的出入口引道段侧墙也是重要的景观展示面，需要综合考虑工程美学总体的设计理念，并用简化、抽象、提炼元素的手法表达该区域的城市文脉、风土人情等，甚至可以成为优秀的城市公共艺术景观。

厦门环岛干道的下穿隧道，在靠近鹭岛北段的城市区，主要以平地为主，在十字路口区域则采用下穿式通道，主要经过会展下穿、软件园下穿、仙岳路下穿、机场下穿、岛外集美大桥下穿通道，在下穿通道两侧的墙壁沿线布置了"闽南古厝""渔民风情""闽南生活""海韵风帆""集美印象"五大主题，车行此道，有如畅游闽南文化时空隧道，能让人留下独特的"闽南印象"。图 5.7 所示为会展段下穿隧道，该隧道道口主要以闽南古民居为主题，通过组合变化，把闽南古厝的屋檐、门窗、围墙、悬鱼等传统民居的建筑元素体现出来。

图 5.7　会展段下穿隧道道口

图 5.8 所示为软件园段下穿隧道，该隧道口主要通过古厝、绿树、蓝天、远山、沙滩、商船、港湾，以及勤劳的闽南人"讨小海、补渔网"等生活画面，充分体现了极具闽南特色的海边生活、通商通航的场景，为环岛干道增色不少。

图 5.9 所示为仙岳路下穿隧道，该隧道以"闽南民俗风情"为主题，通过现代钢筋混凝土方式做法，把闽南民俗元素中的"古榕、博饼、讲古、歌仔戏"等运用到景观设计中，勾勒出一幅现代文明与古朴的闽南文化交织融洽的生活场景图。

图 5.10 所示为集美段下穿隧道，该隧道以"集美印象"为主题，体现了集美嘉庚建筑风格，与前面软件园段的闽南建筑风格形成呼应。厦门的建筑风格主要有四大类，除了闽南民居风格和嘉庚建筑风格之外，还有鼓浪屿的万国建筑风格和中山路的骑楼建筑风格。在集路段下穿隧道这个项目中主要体现了闽南建筑风格中的闽南古厝和嘉庚建筑。

图 5.8　软件园段下穿隧道

图 5.9　仙岳路下穿隧道

图 5.10　集美段下穿隧道

成都市东城根街下穿隧道项目通过垒土技术、钢骨架搭建、固态土壤技术等,把苗圃中培养好的植物移入其中;同时结合智能滴灌系统对水肥进行自动监测,保证植物的水肥需求,使其能够长期生长;打造过程中融入了川西风貌和老成都城墙特色等本土文化,使景观更具活力,形成一道独特的城市风景,如图5.11所示。

(a)示意(一)

(b)示意(二)

(c)示意(三)

图5.11 成都市东城根街下穿隧道项目

5.2 隧道洞内美学设计

5.2.1 设计原则

隧道景观除了洞口之外,还有洞内景观,但洞内更多是以安全防护为主,主要是照明和洞内墙壁的装饰处理。隧道洞内侧墙图案设计的合理性与有效性，应遵循相应的设计原则。

1. 符合色彩和图形的基本构成原理

图案颜色基本不违背道路标志标线的颜色含义，如红色代表禁令。

2. 充分考虑不同城市隧道分段的特点

隧道图形简单易辨别，色彩不繁复。

5.2.2 设计要点

1. 图案设计

封闭隧道内的色彩环境是驾驶员进入隧道后的第一感受，隧道内环境偏向于昏暗、压抑，所以隧道段设计图案的主要作用是提高隧道环境亮度和缓解压抑感。图案色彩可选用蓝、黄、橙、红等明度高的色彩，通过这些颜色的不同组合能缓解人们在隧道中的压抑紧张感。自然界中很多令人赏心悦目的动物，是因为其身上的色彩组合能起到更佳的效果。通过对参考对象的色彩、纹理形状、色彩比例进行提炼、重组等，形成新的图案，使驾驶员在行驶中能清晰地辨别图案，同时也能对驾驶员心理产生积极的影响。常见的图案设计方式有瓷砖装饰、吸音板装饰和防火材料装饰，如图5.12所示。此外，还有简单的涂装方式、微孔岩新型材料装饰。

（a）瓷砖装饰

（b）吸音板装饰

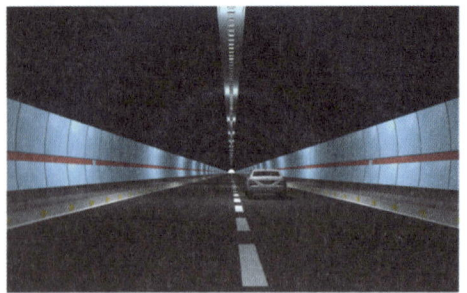
（c）防火材料装饰

图5.12 某隧道洞内图案设计方式

2. 照明设计

在洞内照明上，还需要考虑一些安全和引导需求，注意黑洞效应，在洞口处要保证照度高，满足行车安全。常规方案：在现有隧道洞内增加照明，满足基本通行功能，如图 5.13 所示。

图 5.13　某隧道洞内照明设计

6 附属工程

6.1 附属工程的分类

6.1.1 隔离设施

城市交通隔离护栏是存在于城市交通中的市政设施,由政府提供,为社会服务,能够引流车辆,维护城市交通秩序,同时保证公众安全。城市交通护栏除了为人们日常出行保驾护航外,还能与城市周围环境相呼应,丰富城市交通美观性。城市交通隔离护栏在城市化发展背景下成为我国交通生活不可分割的主体部分,也是规范城市交通必不可少的安全保障。我国交通隔离护栏种类繁多,不同类型有其特殊性能,具体分为以下三类。

1. 路基护栏

路基护栏是指设置于公路路肩及边坡段的护栏,能有效防止车辆失控越出公路,同时保护公路边界其他设施或建筑的完好,如图 6.1 所示。

(a) 实景(一)　　　　　　(b) 实景(二)

图 6.1　某道路路基护栏示意

2. 桥梁护栏

桥梁护栏是指设置于桥梁上的防护设施,主要目的是防止失控车辆或行人越出桥外,确保交通安全,同时美化桥梁建筑,如图 6.2 所示。

3. 中央分隔带和人机非分隔护栏

中央分隔带和人机非分隔护栏是指设置于道路中央分隔带中的护栏。此位置的护栏要能有效防止车辆失控越向对向车道,保障中央其他设施构造与对向车道的安全,如图 6.3 所示。

6.1.2 路灯

路灯设计的目的是在提高夜间能见度的基础上,与城市美学一致,以创造出具有艺术性和舒适感的夜间景观,实现这一目的的一些关键要点如下。

（a）实景（一）　　　　　　　　（b）实景（二）

图 6.2　某桥梁护栏示意

（a）实景（一）　　　　　　　　（b）实景（二）

图 6.3　某中央分隔带和人机非分隔护栏示意

1. 光学设计

选择适合的灯具类型和光源，确保路灯能够提供足够明亮且均匀的照明，提高夜间能见度，同时避免光线过强或过弱，如图 6.4 所示。使用优质的反射罩和镜面设计，将光线聚焦在需要照明的区域，提高照明效果，减少能量浪费和光污染。

图 6.4　某路灯光学设计

2. 美学设计

结合城市的建筑风格和文化特色，设计具有独特美感的路灯造型，与周围环境融为一体。注重路灯的细节设计，如雕刻、铸造或装饰，以增强其艺术性和观赏性，为城市增添独特的魅力，如图 6.5 所示。

图 6.5 某路灯美学设计

3. 材质和色彩

在进行路灯设计时，选择符合城市整体风格的材质和色彩，使路灯与周围建筑和景观相协调；使用耐候性和环保的材料，确保路灯长期稳定运行，并能够抵御恶劣天气和外部破坏。

4. 节能环保

采用高效节能的 LED 光源，结合智能控制系统，实现灯光的智能调节和节能管理，减少能源消耗和环境污染。利用可再生能源供电，如太阳能或风能，进一步降低对传统能源的依赖，实现路灯的绿色能源利用。

5. 安全性和可靠性

设计稳固可靠的路灯结构，确保路灯能够承受风雨等恶劣天气，长期稳定运行。配备监控设备或报警系统，及时发现并处理路灯的异常情况，确保夜间行人和车辆的安全。

6.1.3 标识标牌

城市导向标识设计在我们的普遍认识中有狭义与广义之分。从广义上来讲，所有通过视觉形象符号构筑的具有导向性的标识均可视为导向设计的一部分。从狭义上来讲，对方向、距离等方面具有明显指示作用以及定位的设计符号，或对某一特定空间进行规划与系统的说明，均可以称之为导向标识。环境景观中的导向标识主要包括以下六类。

1. 平面分布指示

室外环境中的标识设计很多采用地图的样式，平面分布指示虽然简单，但也需要设计，如图 6.6 所示。

图 6.6 某平面分布指示示意

2. 公共空间标识

社会公共环境的服务功能及特色服务的介绍，可帮助游客、顾客根据其空间、功能决定自己的进退。例如，立牌式、橱窗式、列表式、电子问询式等。不同空间的标识也依据空间的特点而产生变化。室外环境中的标识一般体量较大，视线可达到的范围也就更广一些，其内容主要包括重要场所的指示、周边道路与交通的情况、文化背景介绍。室内环境的服务功能示意，对于办公室来说，主要是机构介绍与位置提示。

3. 方位指示标识

在任何一个公共场所，都集中着很多的机构、各类工作部门、各类公共服务场所等，从方便客户、游客、消费者的角度出发，对各类场所进行方位指示是完全必要的。方位指示是与场所标识相配合的，对必须标识的场所进行标识，有利于提高工作效率，提高服务水平，如图 6.7 所示。

图 6.7 广州大剧院方位指示标识实景图

4. 禁止标识

社会管理需要一种有序性，为了社会公共的利益，设立必要的禁止标识，是保证社会秩序的有效措施。除了交通禁令标识外，在一些公共场所的禁止大声喧哗、禁止吸烟、禁止摄影、禁止步入、禁止使用等标识有些是具有法律意义的，有些是劝告式的，对社会公众都有制约作用。

5. 文化宣传标识

为了体现一个环境的地域文化与精神状态，在一些环境中设置宣传标识。一部分标识涉及市民的行为规范，如"不能随地吐痰""请关心帮助残疾人"等。一部分标识是文化知识性的，如对一些文化遗址进行介绍，对一些植物、动物进行标识。文化宣传标识是园林、社区、商业环境中普遍使用的一种识别形式。

6. 环境景观标识

环境景观标识的应用范围包括商业空间、办公空间、文化与工业、园林、交通、休闲、运动、公共服务、学校、街区和住宅区环境标识与指示。它的复杂性要求标识形式丰富，即使在同一公共环境中，也会需要不同的表示形式。因此，标识的多样性使得环境的形式丰富多彩并且美观。

6.1.4 声屏障

声屏障是一种由玻璃棉和钢板组合而成屏体加上立柱而形成的隔声屏障，具有质量轻、强度高、耐腐蚀、隔音效果好等优点。在市政道路交通中，声屏障可以有效地降低噪声，改善周边环境的声学环境，提高居民的生活质量。同时，声屏障的安装和维护也比较方便，使用寿命长。此外，声屏障还具有美化城市景观的作用，可以成为城市中的一道亮丽风景线。

声屏障在国内外城市交通中得到了广泛应用。在国内，北京、上海、广州等大城市已经开始广泛应用声屏障，并且取得了良好的效果。同时，一些中小城市也开始尝试采用声屏障来改善城市环境。在国外，声屏障已经成为一种常见的降噪措施，广泛应用于高速公路、城市道路等领域。

但是，声屏障也存在一些不足之处，如价格较高，对于一些小路段或者短时间的应用不够经济。此外，一些人还担心声屏障会影响道路景观，破坏城市形象。

6.1.5 桥下空间

桥下空间并不是严格的建筑概念，而是由天桥的结构特征所形成的一个全新的、半围合的建筑物空间结构。我们将其定义为与高架结构伴随而生的都市剩余空间，一般指在高架顶部与桥下地面间所限制的空间，以及高架中间交叉与围合的空间或高架周边尚未定性使用的空间土地。这种空间因构造、环境等不利因素影响，并不如大型绿地主题公园、城市商场、文化社区等那么引人注目，常常因为不能合理利用、明确其功能定位而沦为都市中消极的灰色空间。此外，高架下空间的半围合空间环境，既给人一种室内空间的庇护感，又具有户外空间宽阔的视线。但是，由于高架纵横在城市街区之间，又分隔着街道空间，所以造成了城市空间的割裂和城市空间肌理的破坏。

由于在桥下空间结构中有着数量众多的承重桥墩，因此这种桥墩往往把一座整体的高架桥下空间结构割裂成了截然不同的空间结构片段。城市高架桥包括环形立交桥、单层立交桥、多层立交桥等各种类型，而关于上述各种类型的城市碎片化高架桥下空间结构，则需要细分情况并加以研究。通过城市居民对城市公共空间的需求研究可看出，一般城镇居民对公共交通工具以及立体停车类公共产品、健康娱乐类公共空间类型都存在着较高期待，而商业、儿童游玩类公共空间次之。

6.2 附属工程美学设计

6.2.1 隔离设施

1. 人行护栏

（1）设计目的

人行护栏属于隔离设施中的一小类，其主要功能可以归纳为以下三种：安全、行为和空间。安全是护栏最首要的功能；其次是护栏与人体肢体发生关系的一系列功能，比如护栏提供人手扶、坐、躺、倚靠、趴伏等；空间则是指护栏在不同空间当中所起到的功能，涵盖对空间的界定、划分、连接、引导、转折以及渗透等。人行护栏的设计目的包括提供交通安全和强调城市美学特征等两方面内容。

① 提供交通安全。提供交通安全主要体现在强调人车界限和牢固连接结构两个方面。人行护栏的主要功能之一是在行人步行道或人行区域与车辆通行区域之间建立物理隔离，防止车辆意外冲撞行人，从而提高行人的安全性；适当设计的人行护栏可以引导行人按照预定路线行走，避免他们在交通繁忙的地区随意穿越道路，减少交通事故的发生。对护栏各部分构造应该采用科学的材料、结构进行固定连接，且要牢固。在依据安全性原则设计过程中，要避免护栏在恶劣天气下被吹倒的情况，保证各种情形下城市道路正常通行。人作为城市主体，参与城市交通各个环节，因此在设计过程中要首先保证行人安全，谨防因为牢固性设计不合理等情况对行人造成安全问题。牢固连接结构即注重结构件的安全性，对护栏内部连接处细节进行加固设计，不但使其在户外长期暴露的环境中也不易损毁，节省后续保养费用，还能防止护栏意外断裂伤及行人车辆，最大限度获得安全性。

② 强调城市美学特征。这主要体现在人性化、人文性、美观性三个方面。在人性化方面，护栏作为人们出行道路的一部分，不仅只是冷冰冰的物体，除其本身的阻隔功能外，更应该以人为本，探寻人们的其他需求，增设便于出行的人性化功能，如在人流量多的地方设置便民倚靠功能等。在人文性方面，人行护栏作为城市公共空间的一部分，其设计应该与周围环境相融合，可以根据当地的建筑风格、文化传统或自然景观，设计具有地域特色的人行护栏。在美观性方面，采用美观、耐用的材料和精致的工艺，使人行护栏呈现出高品质的外观和触感，从而增添城市的品位和氛围。

（2）设计原则

① 安全性。

a. 基础固定方式。基础是护栏立柱结构的重要部分，主要以埋地的方式存在，属于隐蔽工程。在设计和施工过程中，护栏立柱基础的稳定性至关重要，因为它直接关系到整个栏杆结构的安全性。基础固定方式主要有地面基础铆合固定、直接嵌入石质地基。地面基础铆合固定：地面基础的选择应考虑地基土壤的类型和承载能力，必要时进行地质勘察；铆钉的选择应符合工程标准，并确保足够的数量和均匀分布，以提高基础与地面的连接稳定性；对于地下部分，可以采用防腐处理，以增加基础的使用寿命。直接嵌入石质地基：在选择石质地基时，需确保地基坚硬、密实，并且无裂缝和松散部分；在直接嵌入地基之前，可以进行地质勘察，以确定地基的承载能力和稳定性；对于嵌入式基础，可以在立柱周围填充混凝土或特定的支撑材料，以增加基础与地基之间的连接强度和稳定性。考虑使用锚杆或其他类型的地下支撑结构，以增强立柱与地基的连接，并提高整体结构的稳定性。

b. 护栏尺寸。护栏尺寸要求包括高度要求、间距要求、材料尺寸要求和其他要求。高度要求：根据相关标准或规范，通常要求护栏的最低高度，以满足安全要求，例如，栏杆护栏的最低高度通常在1m以上。间距要求：栏杆之间的间距应根据相关标准或规范确定，以确保防止人员或物体的穿越；根据具体的使用情况和安全要求，可能会有不同的间距要求，例如，儿童活动区域的护栏间距可能会更小，以防止儿童从中间穿过。材料尺寸要求：栏杆、立柱和连接件的尺寸应符合相关标准或规范的要求，并根据设计荷载和使用环境进行合理选择；通常要求护栏的材料具有足够的强度和耐久性，以确保其长期稳定性和安全性。其他要求：护栏的整体尺寸和形状应符合设计美观和实用的要求，与周围环境协调一致；针对特殊情况，如曲线道路或特殊地形，可能需要定制的护栏尺寸和形状，以确保其适应性和有效性。

在确定护栏的尺寸要求时，应综合考虑使用环境、功能需求、安全要求以及相关标准或规范的要求，确保护栏的设计和施工能够满足各方面的要求，并确保其长期稳定性和安全性。

② 美观性。

在设计护栏时，美观性应是要考虑的原则之一，同时必须尊重并保留街道原有的地域特色，绝不能破坏其独特的氛围。这意味着在设计过程中应当避免引入过多陌生元素，而是要与周围环境相协调，使护栏与街道融为一体。

为了实现这一目标，护栏的造型形式应当合理而精致。可以考虑采用当地传统或历史特色作为设计灵感，以体现街道的独特韵味。例如，如果街道周围有悠久的历史建筑，可以从其建筑风格中汲取设计灵感，使护栏与周围建筑相得益彰，增添街道的历史气息。

此外，护栏的材质和颜色也应与周围环境相协调，以确保整体的和谐统一。可以选择与周围建筑或景观相呼应的材料和色彩，使护栏在自身美观的同时与环境相融合，使行人在欣赏美景的同时也能感受到街道的独特魅力。

总之，设计护栏时必须兼顾美观性与环境融合，尊重并保留街道原有的地域特色，使其成为街道景观中的一部分，为街道增添独特的魅力与气息。

以西安曲江新区的西安融创曲江印艺术中心人行天桥为例，如图6.8所示，位于西安曲江新区的曲江印艺术中心外围，是一段极具标识性和雕塑感的艺术长廊。此系列长栏由专业景观团队设计，对城市快速车道和场馆进行了完美连接，利用转折、惊喜、豁然开朗的设计将人们的视野引入场地中心，生动的设计思维贯穿整体布局中，突破现有格局；利用曲折悠长的护栏衔接景观重要节点，孤立的圆管形成蜿蜒有序的路径，连通场地内外；用一种形式连接一层人行道和二层天桥、屋顶和公园，使整个艺术中心外围褪去建筑混凝土的笨重和冰冷，犹如飘动的白色丝带，美丽悠长。

图 6.8 西安融创曲江印艺术中心人行天桥

（3）材料选择

栏杆的材料涵盖金属、木材、石材、玻璃等。结合不同的栏杆形式，不同材质由于各自的材料特性，会以多种形式出现。

① 金属。当代金属栏杆主要采用钢材、铁合金、铝材等金属材质，其中不锈钢、铝合金是使用最普遍的护栏材料。金属材料具有易加工、耐久度高、牢固性强等特点，无论是规则型还是自然型护栏，金属护栏都给人一种极强的现代感，如图6.9所示。

图 6.9 某金属护栏效果图

② 木材。木栏杆因其材料来源比较丰富，加工相对方便，材质原始自然，因而在公园等地方广泛使用，其色泽、纹理、质感极富装饰性和美观性，但耐久性相比金属栏杆略差，在公园使用中需加以防腐处理和防水保护措施。

在现代工艺加工下，木材也可以应用于复杂的参数化设计，以自由曲线的形态呈现于栏杆上。例如，Atmos Studio（气氛工作室）是一家以艺术与建筑设计出名的事务所，他们为英国伦敦 HIDE（隐藏）餐厅设计的主楼梯，全部使用木材完成。这座海螺般的楼梯名为 Stair Stalk（楼梯杆），其曲线边缘的木踏步、藤蔓一样自由生长的木栏杆、光滑连续的木扶手，甚至楼梯都使用了多纤维实心木材一体完成。

③ 石材。石材栏杆经常出现在历史悠久的城市道路中，特别是风景名胜区和以古建筑为主景点的交通要道上，其传统纹样图案具有很强的文化性和传统性。传统的石材栏杆经过时间沉淀具有一定的历史厚重感。现代石材栏杆形式多以大理石板或人工合成石材为主。石材栏杆具有很好的质感，但是石材对加工工艺要求较高，并且由于太过笨重而不便运输和安装。

④ 玻璃。玻璃是栏板最常用的材质之一。玻璃材质外观精美、易于保养、容易加工且造价相对较低，其通透的视觉效果容易营造出简单、明亮、纯粹、高效的空间氛围，但是由于玻璃是脆性材料，作用在玻璃上的外力超过一定限度，玻璃就会破碎。因此，商业、办公、展览以及室外环境当中的栏板使用玻璃材质较多，而在交通领域一般仅在人行天桥等位置使用玻璃栏板，如图 6.10 所示。

图 6.10　某玻璃护栏效果图

2. 路基及桥梁护栏

市政道路应根据环境、气候、城市景观及对视距的影响等因素，采用不同防护等级的护栏，如混凝土护栏、波形梁护栏、金属梁柱式护栏、组合式护栏等。

（1）混凝土护栏

市政道路工程中使用的混凝土护栏种类众多，依设计速率、设计车辆、道路等级、几何线形等条件而异。

混凝土护栏在美学设计上虽然整体为实体，不够通透，但是在保证同等级安全要求的基础上，高度相较于其他形式的护栏略低一些。因此，混凝土护栏依旧是比较受欢迎的一种护栏形式，在美学设计过程中，可考虑多种方式进行美化，如混凝土表面涂装、护栏外侧刻槽等，如图 6.11 所示。

（a）混凝土护栏涂装

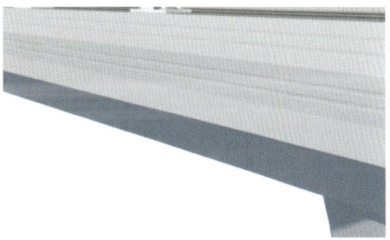
（b）混凝土护栏外侧刻槽

图 6.11　某混凝土护栏美学设计

（2）波形梁护栏

波形梁护栏是一种公路中央分隔带开口处采用的组合型波形板活动式钢护栏。该护栏由两片波形钢护栏板及两者之间固定夹放的两根立柱构成，两根立柱固定夹装在两片波形钢护栏板之间，如图 6.12 所示。在道路正常营运时，该护栏利用插拔立柱可方便地插入开口处预先设置的插拔孔内，起到隔离和防护作用，同时与道路外边上的护栏带相呼应，整齐划一，美观配套。

（a）效果（一）

（b）效果（二）

图 6.12　某波形梁护栏效果图

（3）金属梁柱式护栏

金属梁柱式护栏由横梁、立柱、防撞缓冲块以及底座组成，具有轻量化、美观度高、防过载、适用性强、低碳环保等明显优势，如图 6.13 所示。该护栏侧倾值与位移值较小，可保护缆索桥梁的缆索；缓冲效果良好，可减小碰撞事故对驾乘人员的伤害。对于该护栏，可采用足尺碰撞试验进行验证，确保防撞护栏安全可靠。金属梁柱式护栏对于护栏与钢桥面或混凝土桥面的连接构造进行了充分的考虑，广泛适用各种桥面类型，在对景观效果要求较高的桥梁上运用较多。

（4）组合式护栏

混凝土、钢管组合式护栏指护栏下方为钢筋混凝土基座，上方是钢管的护栏形式。钢管护栏下方的混凝土基座应具有连续性，即使为了提高路面横向排水效率，其开口也应仅局限于基座下方，不得破坏混凝土基座的连续性，如图 6.14 所示。

图 6.13 某金属梁柱式护栏效果图

图 6.14 某组合式护栏效果图

6.2.2 路灯

1. 设计要素

（1）LED 照明

LED 是一种高效节能的照明光源，具有较高的光效和长寿命。将 LED 灯源应用于路灯中，可以大幅降低能耗，增强照明效果，延长灯具使用寿命。LED 路灯具有快速启动、无闪烁、色彩丰富等优点，适用于不同的路灯场景。

（2）太阳能路灯

太阳能路灯利用太阳能光伏电池板吸收太阳能并转换为电能，通过储存电池供给 LED 路灯照明。太阳能路灯不需要外接电源，节约电能，无须布线，安装简便，特别适用于偏远地区和新建城市区域。

(3) 智能控制系统

引入智能控制系统可以实现对路灯的智能化管理和远程监控，根据天气、光线等情况实现光控、时间控、人感控等智能调光功能，提高能效性。通过远程监控系统，可以实时监测路灯的运行状态、能耗情况等，进行远程控制和调整。

2. 设计风格

(1) 结合现代与传统元素

结合传统的灯具形式和材质，如古典的灯柱、雕花装饰等，与现代的材料和技术相结合，创造出独特的设计风格。同时可以在传统造型中融入现代的灯光源和控制系统，如 LED 光源、智能调光系统等，提升路灯的能效性和智能化水平。

(2) 强调艺术性

注重路灯设计的照明艺术性，将灯具设计视为一种艺术品，为城市增添美感和文化氛围。可以在路灯的造型、灯光效果等方面进行创新，体现设计师的个性和创意，让路灯成为城市的标志性景观。

(3) 环境协调性

在设计路灯时要考虑与城市环境的协调性，结合城市的建筑风格、历史文化等因素，打造与周边环境相协调的照明景观。路灯设计应该与周围建筑、景观相融合，既突出个性化设计，又不脱离城市整体的风貌和氛围。

6.2.3 标识标牌设计

1. 设计原则

(1) 功能性原则

城市导向标识的设计以直观、准确地传递信息为核心。简洁明了是基本原则，避免过于繁复的内容，以免引起受众的烦躁感和延误信息接收。设计师应运用基础图形符号，通俗易懂地传达信息，使人们能够轻松识别。同时，合理运用颜色与位置也至关重要，以确保最舒适的视觉效果，并最大化可识别性。

在设计过程中，必须突出指示性，确保受众能够迅速找到所需信息。因此，采用统一标准的符号能够提升标识的可识别性，让人们在第一时间获得所需信息。这样的设计不仅能够有效指引行人，也为城市的交通和人们的活动提供了重要支持。

(2) 整体性原则

城市导向标识的设计不仅要在材料、尺寸等方面达到统一，还需要在风格、颜色、字体等方面进行统一的规划与设计。设计师通常会针对标识的形态、材质、尺寸等因素进行统一的规划，以确保整体风格的一致性。

形成统一、标准、规范的标识体系有助于实现城市导向标识的目的。首先，它能够为城市交通提供良好的保障措施，使行人、车辆等能够准确、迅速地获取到所需信息，从而提高交通效率和安全性。其次，统一的标识设计也有助于对城市整体空间的公共环境进行统筹规划，提升城市形象和品质。最后，通过统一的设计风格和规范，可以增强城市的视觉统一性，为市民和游客营造更加舒适、便利的城市环境。

（3）艺术性原则

在导向标识的设计中，艺术性是非常重要的一环，因为缺乏艺术设计的标识很难被视为优秀的标识。设计师在标识设计的过程中应当运用各种艺术手段，将其与城市的历史和环境相融合，以达到视觉美的表现形式。这种形式美的体现不仅可以让居民对导向系统产生亲切感，同时也能使导向系统更具活力，从而提升城市的整体魅力。此外，艺术性的体现也凸显了导向标识系统的重要价值意义。

在城市导向标识的设计中，不仅要考虑其艺术性，还应考虑在城市空间中是否能够实现统一和谐的效果，使其在多变的环境中寻求统一、秩序的艺术表现形式。这样的设计既能满足功能性需求，又能为城市增添文化底蕴和艺术氛围，使城市导向标识成为城市空间的重要组成部分，展现出城市的独特魅力。

2. 设计目的

（1）提供导航指引

标识标牌应当清晰明了地指引人们前往他们所需的目的地，包括道路、建筑物、景点等，以便行人和驾驶员快速、准确地找到目标位置。

（2）保障交通安全

标识标牌在道路上的设置应当能够提高交通的有序性和安全性，譬如标识交通规则、限速提示、警示危险路段等，以减少交通事故的发生。

（3）增强城市形象

通过设计独特美观的标识标牌，可以为城市增添独特的文化氛围和艺术魅力，提升城市形象，使其更加吸引人。

（4）标识建筑物或地点

标识标牌能够有效地标识建筑物、公共设施、景点等重要地点，帮助人们快速识别和定位，提供便利。

3. 材料选择

常用的标识标牌材料包括金属（如铝合金、不锈钢）、塑料（如聚氯乙烯、亚克力）、玻璃、木材、石材等。不同材料有各自的特点和适用场景，设计师需要根据具体情况综合考虑，并选择最适合的材料来实现设计目标。在选择材料时，需要考虑多个因素，包括耐久性、可见性、环保性、易加工性和成本考量。

（1）耐久性

标牌应该选择耐久性强的材料，能够经受住日常使用和各种气候条件的考验，确保长期使用不褪色、不变形、不生锈。

（2）可见性

材料的颜色和表面处理应该能够提高标牌的可见性，使其在不同光照条件下都能清晰可见，避免因光线不足或者反光导致信息无法识别。

（3）环保性

选择符合环保标准的材料，避免使用含有有害物质的材料，以减少对环境的污染和危害。

(4) 易加工性

材料应该易于加工和制作，以确保设计师能够实现自己的设计理念，并且能够在生产过程中保持一定的工艺精度。

(5) 成本考量

材料的选择也要考虑成本因素，既要满足设计需求，又要在可接受的成本范围内。

6.2.4 声屏障

1. 设计原则

(1) 降噪性能原则

声屏障的首要任务是降低周围环境的噪声水平。因此，设计时必须确保其具备有效的降噪性能、采用具有降噪性能的材料，有效隔离来自交通等源头的噪声干扰。

(2) 结构安全原则

声屏障的结构必须具备足够的强度和稳定性，能够抵御各种外部因素的影响，确保在使用过程中的安全性和可靠性。

(3) 视觉美观原则

设计时需考虑声屏障的外观美观度，与周围环境协调一致，不仅能实现降噪效果，还能提升景观品质，保持周边居民的视觉舒适度。

(4) 标准原则

在设计和建造过程中，必须符合相关的法规和标准要求，包括环境保护、建筑设计等方面的规定，以确保设计、施工和使用符合法律法规的要求，保障公共利益和环境安全。

2. 设计目的

道路声屏障设计在充分考虑公路特点的前提下，将声屏障的声学设计、结构形式设计、安全设计、材料设计、景观设计及养护设计等方面有机构建成一个整体，全面进行系统协调。通过对声学计算精准化、结构核算合理化、安全措施精细化、材料应用耐久化、景观协调安全化和安装部件可更换等研究提出建立"安全、可靠、耐久、经济"的公路声屏障标准化设计体系，并提出具体的标准化设计原则与方法，从而降低声屏障位置设置的偏差，增强结构稳固性，提高材料耐久性，减少养护成本，降低交通噪声，提升城市环境品质，设计效果如图 6.15 所示。

3. 材料选择

(1) 考虑因素

声屏障设计的材料选择应考虑声学性能、耐候（久）性、防腐性和外观美观因素。

① 声学性能。材料必须具有良好的声学性能，能够有效地吸收、反射或隔离噪声。常见的声学材料包括吸声板、隔音玻璃、吸音混凝土等。

② 耐候（久）性。由于声屏障长期处于户外环境中，材料必须具有良好的耐候性，能够抵御阳光、雨水、风雪等自然因素的侵蚀，保持长期稳定的性能。

图 6.15　某道路声屏障设计效果图

③ 防腐性。如果声屏障位于潮湿环境或受到腐蚀性物质的影响,材料必须具有良好的防腐性能,能够有效地抵御腐蚀和氧化。

④ 外观美观。材料的外观应该符合设计要求,能够与周围环境协调统一,提升景观品质。考虑到声屏障通常位于公共场所或城市环境中,因此外观美观也是重要的考量因素。

(2) 常用材料

常用的声屏障材料包括金属、塑料和玻璃等。

① 金属。金属具有较高的强度和耐久性。金属声屏障适用于市政高速公路等,如图 6.16 所示。

图 6.16　某道路金属声屏障实景图

② 塑料。如聚碳酸酯、聚氯乙烯等，具有良好的耐候性和防腐性。塑料声屏障适用于城市环境和室外场所，如图 6.17 所示。

图 6.17　某道路塑料声屏障实景图

③ 玻璃。隔音玻璃，具有透明度高、美观大方的特点。玻璃声屏障适用于城市景观保护区等场合，如图 6.18 所示。

图 6.18　某道路玻璃声屏障实景图

在选择材料时，需要综合考虑以上因素，并根据具体的使用环境和设计要求做出合适的选择。

6.2.5 桥下空间

1. 设计要素

（1）空间条件

城市高架桥梁形式很多，包括连高架下部的直线空间结构、连环岛互通下部的节点式空间结构和互通立交下部的复合型空间结构等；其与地面道路的联系形式也很多，包括路中式、路侧式以及不依赖于地面辅道的出现等。根据不同的城市桥梁形式和与地面道路的联系形式，桥下空间利用的要求和设计手法是不一样的。就连高架而言，在高架两端（或单侧）有辅道布置需要的，为了节省土地，城市中的桥梁在建设中往往充分考虑辅道使用时所需的水平空间和净空。而根据城市道路设计有关标准要求，在路面的限界内不能有其他建筑物进入，所以在使用桥下道路净空时，首先要避免入侵辅路道路的限界。如果高架桥两端（或单侧）没有辅道布置需要的，则桥下空间使用通常可采用桥面投影面以内位置。另外，桥下空间使用还需兼顾道路与桥面建筑之间的安全净距。

（2）使用感受

空间环境的各种尺度约束导致不同的空间带给人的空间感受和使用感受不同，而在有限空间内，如何利用好桥下空间有限的资源，需要根据人们实际使用需求来考虑。对于一些净空较高、桥下面积比较大的空间建议进行休闲场所、儿童娱乐场所设计，形成桥下景观的视线关注点，提升周边居民幸福感。但是，过度密闭的桥下空间我们建议以绿化种植为主，不适宜增加建（构）筑物、活动休憩场所等人们可以到达的空间。

（3）交通条件

桥下空间使用形式应当充分考虑对周围道路交通的影响，除用作停车位外，其余用途均应严格控制机动车进出。当人流量较大时，应当把主要人流入口聚集于重要路口地段（路口式），或在视距较好的地段集中地设立人流出入口及人行过街设施（通道式）；在其余地段，应当设立围栏或防抛网等隔离设施，以防止行人任意穿越辅路或将物体掉落在辅路影响正常通行。

2. 设计存在的问题

（1）空间被消极利用

高架桥工程是为了解决城市交通内不断拥挤的城市交通现象，但是在建设初期并没有进行全面系统的研究，导致了城市高架桥的下部空间没有得到很好的改善和利用。此类空间大多处在空置阶段，并不允许市民使用，造成了此类桥下闲置的空间虽然数量众多但未被合理使用，部分城市周边绿化和建筑的拆除改造、维修，导致高架的下部空间没有得到有效的使用与维护。

（2）待开发利用

经过实地调研多个城市中央区域的高架桥布设，发现为了实现城市内畅通的道路连通，居民小区和都市中央地区的交会处通常会出现大规模的高架敷设。这些都市内的高架下交通网络如同树木的叶脉一般彼此交织，将原本城市完整的空间进行纵横切割，留下了巨大的高架桥下空间。这些高架桥下空间就如同隐匿于城市中的世外桃源，一直期盼着人类的进一步研究与利用。

（3）独立于周边环境

地上交通高架桥的桥下空间设计需综合考虑多样化的外部条件，其周围的环境因素影响了高架桥下层空间设计方式。高架桥的桥下空间结构的建设应该与此区域的市民日常生活密切相关，应尽量减少对居民的不利影响，方便居民的日常生活。目前，在城市建设中有少部分节点的高架底部空间设计可以满足该区域市民的基本生活所需，但是，这部分空间设计也只是局限于满足城市里面的基本停车问题。综合来看，城市高架的底部空间设计并不能和城市周边环境实现有效的融合，所以目前这部分空间设计完全独立于周边环境。

3. 设计思路

（1）公共停车空间设计

利用高架或桥下空间设置与停车位有关的城市公共服务产品既可以满足居民对城市公共服务产品的期待，也可以解决城市道路中的汽车停放压力等难题。如今在高架桥下空间设计的停车位产品中，均以平面停车位产品居多，如图 6.19 所示。鉴于高架桥下的空间设计具有一定的纵向空间设计深度，因此立体停车位的空间设计产品也比较适合于这一领域。将悬挂式高架的立体停放系统的底部架空，将所有的机动车都停泊在离地面 4m 以上的空间，这样在其底下的道路空间中仍然能够通行公交车、私人机动车和步行。

图 6.19　某桥下停车场效果图

（2）体育活动类空间设计

对于寸土寸金的城市核心地带而言，利用高架下空地设置大量与体育项目和交互娱乐有关的公共服务产品，既可以满足都市核心地带市民的日常体育锻炼和娱乐需要，也符合广泛开展全民健身活动、加快推进体育强国建设的长远发展宗旨，如图 6.20 所示。针对拥有大面积体育运动区域的转盘型高架桥，可以设置广场舞音响或模块化拼接建筑设计的滑板体育场地，除此以外，在与体育项目有关的公共服务产品领域，也可以充分发挥互联网时代的技术优势，将产品数据共享、智能线上预约服务和体育项目紧密结合，从而出现了共享羽毛球场、共用足球场等集运动场地、运动器材为一身的体育出租类公共服务产品。

图 6.20　某桥下运动场地效果图

（3）城市绿化及照明类空间设计

利用高架桥下空间扩大城市的景观绿化，增加城市绿化面积也是一个相对传统的高架桥下空间利用手法。但是传统的桥下绿化设计手法只是用植物花箱或者大树把高架桥下的平面空间填充，为增加对桥下空间的利用效率，可将桥下园林绿化工程与桥下灯光类产品相结合，并使之更贴合于高架桥下的承重桥墩，这样既可解决高架桥下的采光要求，也可提高城市的绿化效果。另外，绿色栽植以及桥下照明系统都以模块化的手法加以设计，这样就能够按照各个桥墩的长度和粗细比例来实现绿植模块拼接，从而满足不同的桥下空间使用场景。

第三篇 夜景亮化设计

7 桥梁夜景亮化设计

7.1 桥梁夜景亮化设计概述

7.1.1 必要性

随着城市的发展，桥梁景观已成为城市风景中较为独特的风景线，桥梁夜景亮化更是亮点中的焦点，如图7.1所示。

图 7.1 某桥梁夜景亮化示意

桥梁夜景亮化对于提升城市形象、提升城市安全感、增强夜间活动氛围、突出文化历史价值都具有积极的促进作用，因此，对重要桥梁进行夜景亮化是很有必要的。

1. 提升城市形象

桥梁是城市的重要地标和景观元素之一，夜景亮化设计可以为城市增添独特的魅力和特色，提升城市形象和吸引力，有利于城市在旅游、文化等方面的发展。

2. 提升城市安全感

良好的夜景亮化设计可以增强城市夜间的亮度和可见性，提高市民和游客的安全感，有助于减少夜间犯罪事件的发生，保障城市夜间环境的安全稳定。

3. 增强夜间活动氛围

随着夜间经济的兴起，城市夜间活动越来越丰富多样，桥梁夜景亮化设计可以为夜间文化、休闲、娱乐等活动提供良好的环境和背景，促进城市夜间经济的繁荣发展。

4. 突出文化历史价值

一些具有历史文化意义的桥梁，在夜景亮化设计中可以通过灯光展示其独特的历史故事和文化内涵，有助于传承和弘扬城市的历史文化，增强城市的文化软实力。

7.1.2 设计意义

适度的城市夜景亮化是城市活力、人民生活品质的重要表现，桥梁夜景亮化是城市夜景亮化的一部分。良好的桥梁夜景亮化在实用性、美学、经济和社会文化方面都具有积极的意义，具体表现在以下几个方面。

1. 增强安全性和交通功能

良好的夜景照明可以提高桥梁夜间的可见性和亮度，增强驾驶员和行人的安全感，有助于减少夜间交通事故的发生，提升桥梁的交通功能和效率。

2. 增强城市景观的美感和艺术价值

桥梁是城市的重要景观元素之一，通过夜景照明可以赋予桥梁更加迷人、独特的视觉效果，增强城市夜间景观的美感和艺术价值，提升城市形象和吸引力。

3. 推动夜间经济的发展

现代城市夜间经济逐渐兴起，夜间商业、文化等活动越来越丰富，桥梁夜景照明可以为夜间经济提供重要的场所和背景，促进夜间经济的发展和推动城市的繁荣。

4. 营造城市活力和氛围

夜间是城市活力的重要体现时段，桥梁夜景照明可以营造出独特的夜间氛围，增加城市的活力和魅力，吸引市民和游客在夜间进行休闲、娱乐等活动。

5. 展示文化和历史内涵

一些具有历史文化价值的桥梁，在夜景照明设计中可以体现其独特的文化和历史内涵，通过灯光展示历史故事、文化符号等，传承和展示城市的文化遗产。

7.1.3 设计理念

桥梁夜景设计与建筑设计、景观设计一样，需要对桥梁本身的结构特点、城市历史文化背景、桥位周边环境、城市规划、技术可行性等方面进行研究分析。通过对项目的前期调研，总结提炼桥梁夜景亮化的关键性信息，进而拟定适合项目特点的夜景设计理念，实现设计目标和达到预期效果。常见的设计理念包括但不限于以下几种。

1. 历史文化传承型

突出桥梁的历史文化特色，通过灯光展示历史故事、文化符号、传统工艺等，强调桥梁的文化传承和历史意义。

2. 现代艺术创新型

注重现代艺术表现手法，通过灯光设计、影像投射、光影效果等技术手段，创造出具有时尚、现代感的夜间景观。

3. 生态环保型

强调绿色、环保的设计理念，采用节能环保的照明设备和技术，结合绿植、景观照明等元素，打造出生态友好的夜间景观。

4. 社交互动型

设计以市民参与和互动为核心，通过灯光控制、互动装置等方式，创造出具有互动性和参与性的夜间活动场所。

5. 主题化设计型

以特定的主题或节日为设计灵感，如节庆灯光秀、主题文化展示等，打造出临时或长期的主题化夜景设计。

7.1.4 设计原则

1. 设计原则的特点

（1）具有指导性

桥梁夜景亮化设计原则为设计过程提供方向和指引。

（2）具有普遍性

桥梁夜景亮化设计原则适用于多种设计领域和项目。

（3）提高质量

桥梁夜景亮化设计原则有助于确保设计的质量和效果。

（4）满足需求

桥梁夜景亮化设计原则有助于更好地满足用户的需求和期望。

（5）增强可行性

桥梁夜景亮化设计原则有助于提高设计方案的可行性和可实施性。

（6）提高效率

桥梁夜景亮化设计原则有助于设计师更快速、有效地完成设计任务。

（7）塑造风格

桥梁夜景亮化设计原则有助于形成独特的设计风格和品牌形象。

2. 设计原则的具体内容

（1）功能性

桥梁夜景亮化设计应强调照明设计的实际功能和用途。

（2）安全性

桥梁夜景亮化设计应确保照明设施的安装和使用安全可靠，防止产生眩光，不影响行车的安全。

（3）美观性

桥梁夜景亮化设计应关注灯具与桥梁结构的融合度，注重视觉效果和审美价值。

（4）文化性

桥梁夜景亮化设计应体现地域文化特色和历史价值。

（5）经济性

桥梁夜景亮化设计应在满足需求的前提下，控制成本。

（6）可持续性

桥梁夜景亮化设计应考虑环境和资源的可持续性。

（7）可操作性

桥梁夜景亮化设计应便于照明系统的管理和维护。

（8）整体性

夜景照明应与桥梁原有的交通基础照明协调统一，互相衬托，桥梁各个部分的照明表现不同的特性与内容，但其照明效果应具整体性。

7.2 桥梁夜景亮化设计内容

7.2.1 桥侧夜景亮化

桥侧夜景亮化是展示桥梁形态、轮廓的主要部分,也是人们最容易接触到、感受最明显的一个部位。常见的方式有点光灯、线光灯、洗墙灯和桥面水幕等。

1. 点光灯

点光灯主要安装在桥梁翼缘板外侧或者栏杆基础外侧,以连点成线的方式呈现,主要是通过突出桥体的轮廓与结构特点,增添立体感。由于是连点成线,灯与灯的距离可以灵活布设,常规间隔在 50cm 至 100cm;灯具个体比较小,功率较低,是较为经济的照明方式,如图 7.2 所示。

图 7.2　某桥梁点光灯设计

2. 线光灯

线光灯被广泛应用于建筑轮廓照明、桥梁外侧照明、园林景观照明、广告牌照明等领域,主要展示面是灯具的灯罩部分,夜间通过光线勾勒出桥梁的轮廓,突出其结构特点;配合智能模块控制,可以实现呼吸、流动、闪烁等视角效果,如图 7.3 所示。

图 7.3　某桥梁线光灯设计

3. 洗墙灯

洗墙灯安装在悬臂外侧的正下方,通过灯具对悬臂和桥腹部位的照亮,并利用反射的原理将光线反射出来，呈现的光效比较柔和均匀，如图7.4所示。光承载面的平整度及颜色会影响洗墙灯的反射效果。

（a）示意（一）

（b）示意（二）

图7.4　某桥梁洗墙灯设计

4. 桥面水幕

桥面水幕是在线光灯或洗墙灯的基础上，增加水幕喷泉的一种组合型照明方式，如图7.5所示。通过将喷涌出来的水体作为光承载体来呈现灯光颜色变化，流水及灯光设备装置安装在桥梁外侧，水由桥侧直泻而下，通过不同口径、不同密度、不同形状的喷嘴流出，形成一道道水光交错、七彩斑斓、动静结合，或宁静雅致，或磅礴大气的独具特色的瀑布水幕景观，为城市提供水、光、声相互融合的视觉、听觉感受。

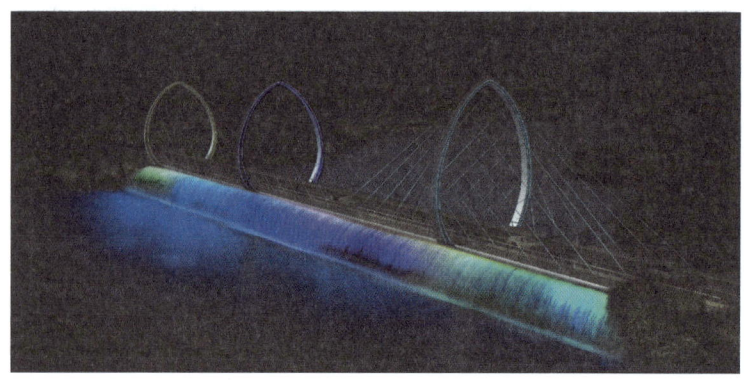

图7.5　某桥梁桥面水幕设计

7.2.2 桥梁底部夜景亮化

桥梁底部夜景亮化方式主要有投影灯和 LED 串灯等方式。

1. 投影灯

投影灯是一种将图像投射到墙上或屏幕上的投影设备，采用光学反射原理，通过高亮度的光源将图像反射到桥底表面，营造出独特的夜景效果，如图 7.6 所示。实际项目中，投影灯主要应用于景区、商业街区等人员密集区，桥下空间较为宽阔，有河流、游船、商业氛围浓厚等地。通过投影灯将桥下空间投亮，利用图案色彩变换打造夜间靓丽的灯光景致，既丰富了游船夜间航线的观光体验，又更好地展现了城市独特的魅力。

（a）示意（一）

（b）示意（二）

图 7.6 某桥梁投影灯设计

在选择桥梁夜景照明投影灯时，需要考虑灯具的分辨率、亮度、色域和对比度等因素，以确保灯具能够满足实际需求。

（1）分辨率

分辨率是指在投影时，设备的每个像素点的清晰度。投影灯的分辨率通常为 1024×768 或 1920×1080，具体分辨率取决于交付业务的需要和预算限制。

(2) 亮度

亮度是指投影灯的发光量,通常以流明为单位。在投影灯的规格中,亮度是一个重要的指标,它通常在 2000 流明到 8000 流明之间,但具体的亮度取决于场所大小、距离和环境光照等因素。

(3) 色域

色域是指在显示图像中,使用可用颜色的范围。投影灯的色域通常指其能够处理红、绿、蓝三原色的范围。合理选择色域在教育、会议、影视等场合中非常重要。

(4) 对比度

对比度是指投影灯中白色对黑色的最大亮度倍数。对于高对比度的投影灯,黑色将非常深,白色非常明亮。

2. LED 串灯

鉴于人们对夜景亮化追求的不断提高,夜景亮化设计领域也处于持续变化中,艺术创作呈现不断推陈出新之态,LED 串灯可帮助形成不同的艺术创作。

LED 串灯的特点包括:节能高效,能耗较低,发光效率颇高;使用寿命长,能降低维护成本;体积小巧轻便,方便安装和布置;发热量相对较低,安全性较高;布设方式灵活多变,可以组成特定的图案或形状,不受桥梁结构的影响。

如图 7.7 所示,以西安丈八路与唐延路立交为例,该设计借助低压 LED 串灯,将其与桥体结构相结合,同时借鉴梵高《星月夜》的作品意象,在不影响人车流的情形下,采用 30 万颗以上的可编程控制的 RGB(Red——红、Green——绿、Blue——蓝)点串灯,张拉在天桥底部。该设计希望透过此幅光艺术作品来表达时光之流逝,为每一位都市夜归人献上一份视觉"礼物"。

图 7.7 西安丈八路与唐延路立交桥梁底部夜景亮化设计

7.2.3 桥墩夜景亮化

桥墩是支撑桥梁的主要受力结构，多为柱状。桥墩的亮化方式多为射灯、投光灯和洗墙灯；安装位置视照射效果而定，有上投、下投，可以安装在桥墩顶部，也可以安装在地面。

1. 射灯

在桥梁夜景亮化发展早期，多用此类灯具，通过上、下或者上下组合的方式安装在桥墩上。此灯具多为单色模式，安装、布线相对简单，规模及造价低，如图 7.8 所示。目前此方式主要应用在有一定景观需求且不太重要的区域，如立交、匝道等区域。

图 7.8　射灯安装设计

2. 投光灯

相对于射灯，投光灯的功率更高，灯具尺寸也更大；照射范围更大广，亮度更高；有单色和多彩两种模式，根据控制可以实现呼吸、颜色变换等不同效果，如图 7.9 所示。

图 7.9　某桥梁投光灯安装设计

3. 洗墙灯

洗墙灯一般用在矩形桥墩、花瓶墩、盖梁、桥台等地方，沿着桥墩轮廓进行直线布设。洗墙灯有单色和多彩两种模式，根据控制可以实现呼吸、颜色变换等不同效果，主要目的是"洗亮"桥墩，如图 7.10 所示。

图 7.10　某桥梁洗墙灯安装设计

7.2.4　桥塔、桥拱夜景亮化

斜拉桥、悬索桥及拱桥结构均高出桥面，是桥梁结构中最具景观性的元素，通过亮化设计能使其具有鲜明的个性，容易成为地标性建筑，通过融入当地文化元素，可以体现地域特色和文化内涵，如图 7.11～图 7.13 所示。此类结构往往要高出桥面很多，其高度、形状、材料等方面的选择都对桥梁的安全性、耐久性、经济性和美观性产生重要影响。

图 7.11　某斜拉桥桥塔夜景亮化设计

图 7.12　某悬索桥桥塔夜景亮化设计

图 7.13　某拱桥桥拱夜景亮化设计

桥塔、桥拱这类结构比较高大，考虑到施工及后续养护，主要采用投光灯的方式对其进行点亮，灯具安装主要是在桥面附属设施等便于操作的地方。设计中主要考虑的内容如下：

1. 强调轮廓

突出桥塔的外形轮廓，使其在夜晚更加醒目。

2. 显示结构细节

展现桥塔的结构特点和细节，增加立体感。

3. 营造氛围

通过色彩和光效营造特定的氛围，如温馨、浪漫或庄严。

4. 体现文化特色

结合当地文化元素，展现地域特色。

桥塔、桥拱夜景亮化设计中也有采用线光灯、洗墙灯对桥梁轮廓进行勾勒的案例，也有将点阵屏安装在桥塔结构上作为主要展示面的案例，但这一类亮化方式相对投光灯的安装和养护更费时费力，这里不做重点分析。

7.2.5 拉索、吊杆夜景亮化

拉索、吊杆的常用夜景亮化方式有点串灯、投光灯和抱箍灯等。

1. 点串灯

桥梁的夜景照明设计采用串联排列的多个灯具组成一条线状照明装置，如图 7.14 所示。通常灯具之间间距较小，形成连续的光带，能够实现对整条拉索的整体照明，增加了视觉层次感和统一感。点串灯用于对拉索进行整体照明。

（a）开灯前

（b）开灯后

图 7.14　某桥梁点串灯安装设计

2. 投光灯

投光灯安装在每根斜拉索根部的外侧位置，经过对灯具投射方向的合理调整，让 LED 光束沿着斜拉索的外侧面一直爬升到斜拉索的顶端位置，并将光斑的中心投射在主塔的中轴线上。远远望去，夜色下被均匀亮化的左右两排对称斜拉索像是两排整齐布置的美丽琴弦，随着丰富多彩的 LED 灯光的韵律变换，呈现出各色靓丽的画面，整座桥梁犹如一艘缤纷的船舶正航行在蔚蓝色的大海中，乘风破浪的磅礴气势，如图 7.15 所示。

图 7.15　某桥梁投光灯安装设计

桥梁的拉索具有直径较小、光承载面小、表面光滑、着光点有限且侧面受光等特点。投光灯原理如图 7.16 所示，故拉索设计通常采用角度比较小和光通量高的大功率投光灯。

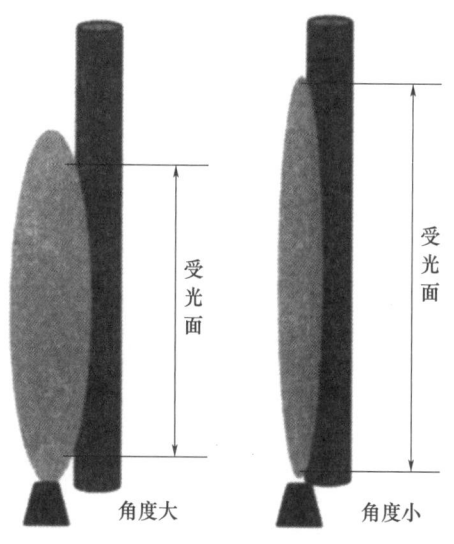

图 7.16　投光灯原理

3. 抱箍灯

拉索抱箍灯是一种专门用于斜拉桥或其他桥梁上的照明装饰灯具，通过固定在拉索上，实现对拉索的照明装饰，创造出独特的夜间景观效果。

抱箍灯具有特殊的设计结构，可以通过夹持或者固定装置安装在桥梁的拉索或者吊杆上，使得拉索、吊杆本身成为照明装饰的一部分，如图 7.17 所示。

图 7.17　某桥梁抱箍灯安装设计

相对于点串灯，抱箍灯安装间距更大，以米为单位，可以实现拉索四周全方位亮灯。抱箍灯需要定制，整体尺寸比较大，白天视觉效果差。

7.2.6　桥梁护栏夜景亮化

护栏通常是需要灯光渲染的地方，对桥梁亮化的整体风格展示具有重要意义，如图 7.18 所示。设计方式有两种：一种是用连续的线形发光体画出护栏的轮廓；另一种是间隔安装点状光源，可以勾勒护栏，给生活一种运动感。

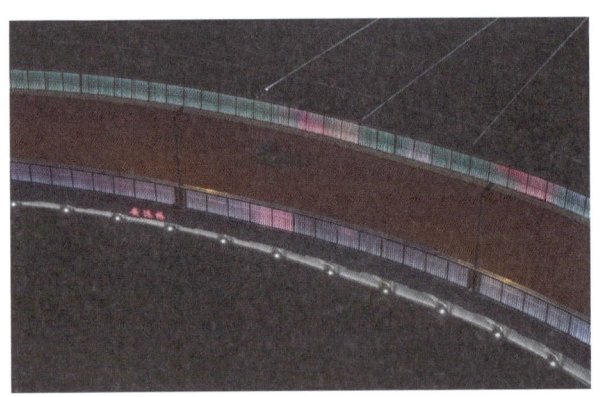

图 7.18　某桥梁护栏夜景亮化

7.2.7　夜景照明呈现模式

夜景亮化通常可以根据不同的需求和场景划分为平日模式、节日模式和节能模式，如图 7.19 所示，它们各自具有不同的特点和应用场景。

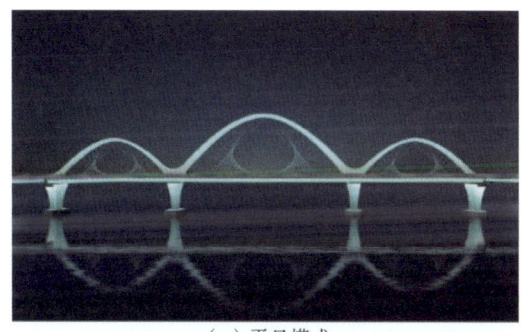
（a）平日模式

（b）节日模式

（c）节能模式

图 7.19　夜景照明呈现模式

1. 平日模式

特点：平日模式指的是日常普通的夜景亮化状态，通常以固定的照明方案和灯光效果为主，保持稳定且适宜的亮度和色彩。

应用：在日常的工作日或者非特殊活动期间，满足日常照明需求，确保夜间环境的可视性和安全性，一般采用较为自然的灯光色彩，营造舒适、宁静的氛围。

2. 节日模式

特点：节日模式是指在节日或特殊庆典活动期间调整的夜景亮化状态，通常会增加灯光的色彩、亮度和变化，营造出更加热闹、欢乐的氛围。

应用：在节日如元旦、春节等，或者城市举办重大庆典活动时，夜景亮化会切换到节日模式，增加灯光的节奏感、音乐配合等，吸引游客和市民参观。

3. 节能模式

特点：节能模式是为了减少能源消耗和环境负担而设计的夜景亮化方式，通常采用节能灯具、智能控制系统等技术手段，调节亮度、时间和区域。

应用：在非繁忙时段或者需要节能的情况下，如深夜或者凌晨时段、交通流量较小时，夜景亮化可以切换到节能模式，降低照明亮度或者关闭部分照明设备，节约能源成本。

7.3 桥梁夜景亮化设计考虑要素分析

桥梁夜景亮化的设计是一项综合考虑结构特点、环境需求和艺术效果的工作，以下是桥梁夜景亮化设计需要考虑的要素。

7.3.1 结构特点

结构特点包括桥梁类型、特色部位、环境需求考虑等。

1. 桥梁类型

不同类型的桥梁（如悬索桥、拱桥、斜拉桥等）具有不同的结构特点，需要根据桥梁的形态和线条设计相应的照明方案。

2. 特色部位

突出桥梁的特色部位，如主塔、拉索、桥面等，设计合适的照明方案，凸显桥梁的美感和结构特征，如图 7.20 所示。

图 7.20　某桥梁特色部位设计

3. 环境需求考虑

考虑周围环境的亮度、色彩和风格，确保夜景照明与周边环境协调统一，如

图 7.21 所示。

图 7.21　某桥梁环境需求设计

7.3.2　艺术效果

艺术效果营造主要包括色彩搭配和光影效果，如图 7.22 所示。

图 7.22　某桥梁艺术效果营造

1. 色彩搭配

根据设计要求和主题，选择合适的灯光色彩，如暖色调、冷色调或者彩色灯光，营造出艺术感和氛围感。

2. 光影效果

利用灯光的投射、反射和遮挡等效果，营造出丰富的光影效果，增加视觉层次和立体感。

7.3.3　安全性

桥梁夜景亮化设计安全性主要包括防水防尘、安全维护和交通安全。

1. 防水防尘

桥梁夜景亮化需要选择防水防尘等级符合要求的灯具，确保设备稳定工作。

2. 安全维护

桥梁夜景亮化设计需要考虑照明设备的安全维护和检修,确保设备长期稳定运行。

3. 交通安全

桥梁夜景亮化设计要保证照明设计不影响通行,特别是夜间车辆和行人的可见性较低,一定要确保交通安全,如图 7.23 所示。

图 7.23 某桥梁交通安全设计

7.3.4 用户体验

用户体验包括优化互动体验和观赏角度。

1. 互动体验

如有条件,桥梁可以设置触摸屏或声控互动装置,增加观众的参与感和互动性。

2. 观赏角度

考虑观赏者的角度和位置,调整灯光的照射角度和方向,提升桥梁观赏体验,如图 7.24 所示。

图 7.24 某桥梁观赏角度设计

8 道路夜景亮化设计

8.1 道路绿化带的类型

8.1.1 快速路

快速路是城市中大运量、长距离、高车速的交通干道，常与城市外主要高速公路进出口连通，其是在城市内修建的，具有单向多车道（双车道以上）的城市道路，常见设计行车速度为60~100km/h。规范规定，快速路应设中央分车绿带，当两侧有非机动车道时必须设置完整的两侧分车绿带，并控制出入口间距及形式，两侧不应设置吸引大量车流、人流的公共建筑物出口，一般建筑物的出入口也应加以控制。

8.1.2 主干路

主干路是连接城市各主要部分，承担中心城区各功能分区之间的交通性干道，设计行车速度为40~60km/h。主干路道路两侧机动车道与非机动车道之间应设置分车绿带，并应有适当宽度的人行道，但应严格控制行人横穿马路。此外，主干路应尽可能少设交叉口，平面交叉口要有控制交通的措施，当交通量超过平面交叉口的通行能力时，可规划采用立体交叉。

8.1.3 次干路

次干路是分布在城市各个区域内的地方性干道，不仅具有一般交通道路的功能，还多兼具服务功能，具有较强的生活氛围。次干路沿线多分布有大量住宅、公共建筑和公共枢纽等服务设施，因此，属于人流量活动较大的道路。道路两侧不仅设有人行道和吸引人流的公共建筑物、商业建筑物等，还多设置有机动车和非机动车停车场、公共交通站、出租车服务站等，交叉口较多，车行速度较慢，设计行车速度多为40km/h。调研可知，我国城市次干路多为快慢车混合行驶，但交通流量大的道路在条件允许的情况下可另设非机动车道，道路绿带以行道树绿带为主，分车绿带为辅，基本不设中央分车绿带。

8.1.4 支路

城市中的支路以服务功能为主，设计行车速度为30km/h。支路不仅是联系次干路与居民区、工业区、商业区、交通设施、公共设施用地的纽带，同时也是次干路与街坊路的连接线。

8.2 道路绿化夜景亮化设计方式

为营造景观效果良好、视觉感受舒适的道路绿带夜景照明效果，对于不同植物类型的照明设计应科学配置照明方式，并形成一个规划层面上适用于不同道路区域的照明方式选择指导原则，从而对未来城市道路绿带夜景设计实践提供一定的控制标准。下面主要介绍泛光投光、线光源投光、点光源投光、点光源装饰和线光源装饰等常用的五种照明方式，其在阔叶乔木、松树、球形灌木、绿篱、草坪地被、藤本攀缘植物等不同植物种类中的选用应遵循相应的设计指导原则。

8.2.1 泛光投光

泛光投光照明主要分为地面射灯向上泛光投光、本体射灯向上泛光投光、周边射灯向上泛光投光和周边射灯向下泛光四类。地面射灯向上泛光投光和周边射灯向下泛光投光（部分学者称为"月光照明"）均可广泛应用于各类道路绿带植物照明。地面射灯向上泛光投光具有更好的景观效果，且灯具安装方便，灯具便于隐藏，因此作为首选方案，如图8.1所示。本体射灯向上泛光投光对灯具的安装位置及安装方式要求较高，且必须考虑照明对植物生长的影响，目前仅适用于乔木照明。周边射灯向上泛光投光由于需要加射灯杆，易对道路环境造成影响，但可用于解决地面射灯向上泛光投光因功率不足，导致对较高大乔木、松树、藤本攀缘植物等照明强度不足问题。

图 8.1 某道路地面射灯向上泛光投光

8.2.2 线光源投光

线光源投光在道路绿带植物照明中应用局限性较大，其可以形成连续光带，仅适用于表现具有线性群落形态的植物载体整体形态，如绿篱、草坪地被及藤本攀缘植物等。线光源投光主要分为向上线光源投光和水平线光源投光。

向上线光源投光照明可应用于绿篱及藤本攀缘植物，而水平线光源投光照明则适合安装于花坛檐口，用于表现草坪地被植物景观面的整体形态。

8.2.3 点光源投光

点光源投光可通过点光源阵列，以点连线，形成较强指向性的线性照明效果，如图 8.2 所示。点光源投光在道路绿带植物照明中应用局限性较大，现有工程案例多见设于路缘石，以窄光束投光，射向道路方向的点光源投光照明，植物照明应用较少，仅可用于绿篱、草坪地被及藤本攀缘植物。但由于点光源灯具数量巨大，维护难度较大，因此在道路绿带夜景照明中，可用而不推荐使用。

图 8.2 某道路点光源投光

8.2.4 点光源装饰

点光源装饰照明主要分为均布式点光源装饰、整体包络式点光源装饰和轮廓缠绕式点光源装饰。其中，均布式点光源装饰照明对不同种类植物具有较强的普适性，且安装难度低，可以灵活表现植物的三维几何形体及表面形态，尤其推荐应用于阔叶乔木、松树、球形灌木、绿篱，也可用于草坪地被及藤本攀缘植物。整体包络式点光源装饰由于需以点光源对植物进行包络缠绕，仅适用于乔木、松树、球形灌木等具有旋转中轴线几何形态的植物，其对植物载体条件、设计包络方式及灯具安装技术均具有较高要求，安装不佳甚至可能对夜景效果产生反作用，因此属于可用而不推荐使用的方案。轮廓缠绕式点光源装饰适用于表现冬季植物枝干轮廓形态，推荐应用于阔叶乔木及松树夜景照明中。点光源装饰设计中可依据道路实际环境及效果需求采取或整体或局部的轮廓缠绕式点光源装饰照明。

8.2.5 线光源装饰

线光源装饰可分为直接附加式线光源装饰与图案勾绘式线光源装饰。其中，直接附加式线光源装饰一般将装饰灯具悬挂于乔木枝干或直接放置于草坪地被植物上，可用于松树、球形灌木及绿篱；藤本攀缘植物由于缺少附加安装支点，不推荐使用直接附加式线光源装饰照明。图案勾绘式线光源装饰由于需要足够可供线光源勾绘图案的平面，因此仅可用于绿篱及草坪。

8.3 道路设施夜景亮化设计

道路设施一般包括公交车站、景观艺术品和垃圾箱等，这些设施一般设置在人行道上，一方面明确了行人的活动范围，避免了汽车对行人活动的干扰；另一方面也塑造了行人空间的运动感和保持性，激发了人在不同环境中的静态和动态活动。它们是服务行人的主要场所，白天对道路景观有较大影响，但夜晚才是人们去体验品味它们的主要时间。

8.3.1 公交车站

公交车站的夜景亮化一般是在不变动主体的基础上，增加穿孔板造型外皮，装饰 LED 灯条，灯具节能，灯光柔和优雅，形成流动的线条感，如图 8.3 所示。

图 8.3　某公交车站的夜景亮化设计

8.3.2 景观艺术品

道路两旁或中间的绿化带内常设置景观艺术品，夜间可以点亮其自带的 LED 灯具，形成微型的夜间景观地，吸引人们驻足，提升整个道路的夜景品质，如图 8.4 所示。

图 8.4 某道路景观艺术品设计

8.3.3 垃圾箱

人行道上的垃圾箱是城市道路中最常见的设施,容易被人们忽视,但往往起着重要的点缀作用,现在已有太阳能的垃圾箱,夜间可以自行点亮,无须专用线路,既美观又节能环保,如图 8.5 所示。

图 8.5 某道路垃圾箱夜景亮化设计

第四篇 设计案例

9 石家庄复兴大街市政化改造工程美学设计

9.1 总体美学设计

9.1.1 工程概况

1. 背景介绍

推进京津冀协同发展，要立足各自比较优势、立足现代产业分工要求、立足区域优势互补原则、立足合作共赢理念，以京津冀城市群建设为载体、以优化区域分工和产业布局为重点、以资源要素空间统筹规划利用为主线、以构建长效体制机制为抓手，从广度和深度上加快发展。推进京津双城联动发展，要加快破解双城联动发展存在的体制机制障碍，按照优势互补、互利共赢、区域一体原则，以区域基础设施一体化和大气污染联防联控作为优先领域，以产业结构优化升级和实现创新驱动发展作为合作重点，把合作发展的功夫主要下在联动上，努力实现优势互补、良性互动、共赢发展。

为支持石家庄市加快创新发展、绿色发展、高质量发展，2021年7月，河北省委、省政府出台《关于大力支持省会建设和高质量发展的意见》。该意见明确指出要始终保持省会建设发展的正确方向，充分发挥石家庄区位优势、交通优势、产业优势和红色资源优势，积极融入京津冀协同发展格局，围绕"三区一基地"定位，紧密对接雄安新区建设发展，着力增强省会综合经济实力和吸引辐射带动功能，当好全面建设现代化经济强省、美丽河北的排头兵和领头雁。其中交通发展方面，提出围绕构建安全、便捷、高效、绿色、经济的现代化综合交通运输体系，建成连接京津冀主要城市及相邻省会城市的"1.5小时交通圈"。

2021年7月，石家庄市委、市政府深入贯彻落实河北省推进省会建设发展工作会议精神和省委、省政府《关于大力支持省会建设和高质量发展的意见》，出台《关于落实〈省委省政府关于大力支持省会建设和高质量发展的意见〉的实施方案》，全力实施"九大工程"，努力实现"九大提升"，强力推进45项重点任务。对于城市发展，将推进空间拓展工程，提升城市形象品位。对于交通发展，强调围绕构建安全、便捷、高效、绿色、经济的现代化综合交通运输体系，将对绕城高速以内高速路段进行城市化改造，巩固石家庄市区域交通枢纽地位。

2021年9月28日，石家庄市绕城高速内高速公路取消收费、开放通行，石家庄东、南、西、北4座端口收费站正式启用，绕城高速内9座匝道收费站停止收费、开放通行。并将石太高速公路、黄石高速公路三环内部分命名为"北三环"；新元高速公路石家庄北收费站至石家庄南收费站段命名为"复兴大街"，如图9.1所示。

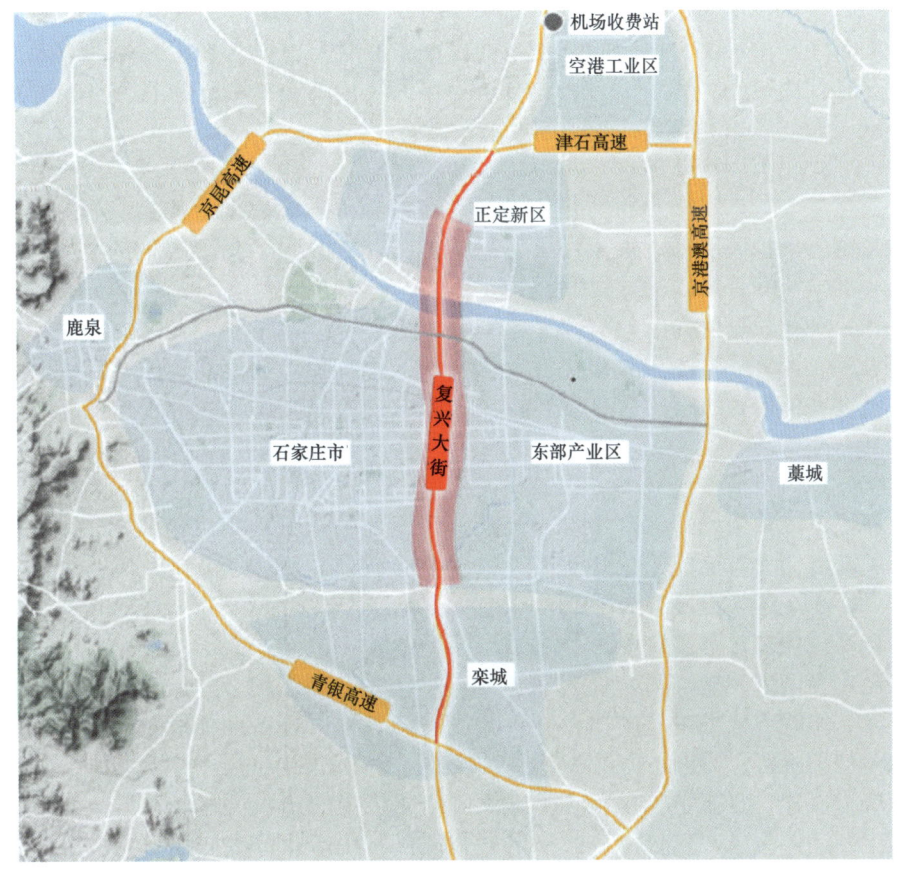

图 9.1　复兴大街范围示意图

城区高速公路市政化改造后，破除了封闭式高速公路对城市发展的割裂，联动组团发展，与城市路网的互联互通需求将逐步增加，同时带动沿线土地的开发利用，激活城区发展动能。复兴大街位于石家庄老城区与高新区的"中间"位置，是实现石家庄中心城区一体化发展的重要抓手。石家庄复兴大街市政化改造项目（以下简称本项目）的建设对于完善复兴大街交通功能、城市功能具有重要意义。

因此，复兴大街作为石家庄现代化、国际化都市发展的新中枢，做好全线的工程美学设计，是认真践行"人民城市人民建、人民城市为人民"重要理念的实践检验，是本项目的重中之重。

2. 人文环境

石家庄是中国河北省的省会城市，拥有悠久的历史和丰富的人文底蕴。作为华北地区的重要文化中心之一，石家庄融合了多种文化元素，展现出独特的人文魅力。

（1）历史文化遗迹多

石家庄有许多历史悠久的文化遗迹，如赵州桥、正定古城、石家庄古戏台等，这些古老的建筑和遗迹见证了城市的发展历程，反映了古代文化的辉煌。

(2) 艺术价值高

石家庄是中国北方地区的艺术中心之一，有着丰富的传统艺术和现代文化表现，包括戏曲、民间音乐、书法、绘画等在内的传统艺术在这里得到了传承和发展，同时现代音乐、舞蹈、戏剧等也蓬勃发展。

(3) 文化节庆活动多

石家庄有着丰富多彩的文化节庆活动，如春节庙会、正定庙会、石家庄国际马拉松赛等。这些活动不仅丰富了市民的生活，也吸引了来自各地的游客，促进了文化的交流和传播。

(4) 文化教育优秀

石家庄拥有一批优秀的文化教育机构和艺术院校，如河北大学、河北师范大学等，这些学府为城市的文化发展提供了强大的人才支撑，培养了一大批文化艺术人才。

(5) 民俗风情丰富

石家庄的民俗风情丰富多彩，尤其是传统的民间节日和民俗活动。例如，元宵节的花灯会、端午节的龙舟竞渡、中秋节的赏月等，都是当地人民喜爱的传统习俗，传承至今，为城市增添了浓厚的民俗氛围。

(6) 现代文化产业发展快

随着经济的发展和城市化进程的推进，石家庄的现代文化产业也日益壮大。电影院、剧院、艺术馆等文化设施日益完善，各种文化活动如展览、演出、电影节等也层出不穷，为市民提供了更多丰富多彩的文化娱乐选择。

综上所述，石家庄的人文环境不仅体现在传统的历史文化、艺术表现和文化节庆上，还体现在文化教育、民俗风情和现代文化产业等多方面，这些元素共同构成了城市独特而丰富的人文景观，吸引着人们的目光，促使人们去探索。

3. 自然环境

石家庄位于中国北方的河北省，在自然环境方面具有独特的魅力。

(1) 气候特征鲜明

石家庄属于暖温带半湿润大陆性季风气候，四季分明。冬季寒冷干燥，夏季炎热多雨，春、秋两季宜人。夏季气温较高，常见的降水形式为雷阵雨。冬季则常有寒潮天气。

(2) 水系较多

石家庄市境内虽然没有大型河流穿过，但有灵寿河、滹沱河等一些支流，这些河流虽然规模不大，但为城市供水、灌溉和生态环境提供了重要的支持。

(3) 生态保护区较多

在石家庄周边，有一些自然保护区和风景区，如井陉矿区生态旅游区、白鹿泉等。这些地区保存了一定的自然生态，是市民休闲游览的好去处。

(4) 植被覆盖较好

尽管石家庄市区主要为城市建设，但在郊区和周边地区依然有一定的农田和林地，植被覆盖较好。在城市绿化方面也有所努力，许多公园和绿化带为市民提供了休闲娱乐的场所。

(5) 地理位置优越

石家庄地处华北平原腹地，交通便利，北临京津，南接山西，地理位置优越。这种地理位置使得石家庄成为华北地区的重要交通枢纽和经济中心。

4. 上位规划

(1) 提升城市格局，促进组团融合

依据《石家庄市国土空间总体规划（2021—2035）》，石家庄将延续"依山拥河、组团布局"的空间规划策略，布局"一主、四辅、两带"的城市空间结构，推动城市可持续发展。其中，"一主"指主城区，是城市高端综合服务和高端产业功能的集中建设地区，包含市内新华区、桥西区、长安区、裕华区、经济开发区和高新区；"四辅"是指藁城、鹿泉、栾城和空港组团城区，承担主城区人口疏解和产业疏解功能；"两带"是指滹沱河经济带和太行山生态带。同时，石家庄将在二环内做"减法"，降低住宅和商业开发强度，强化对新建居住项目容积率上限值2.0的刚性管控，进一步疏解人口和低端低效产业，腾出发展空间。在二环外做"乘法"，实施组团发展战略，强化外围组团、园区、重点城镇的多点支撑，推动公共服务设施向城市外围延伸。石家庄市国土空间规划如图9.2所示。

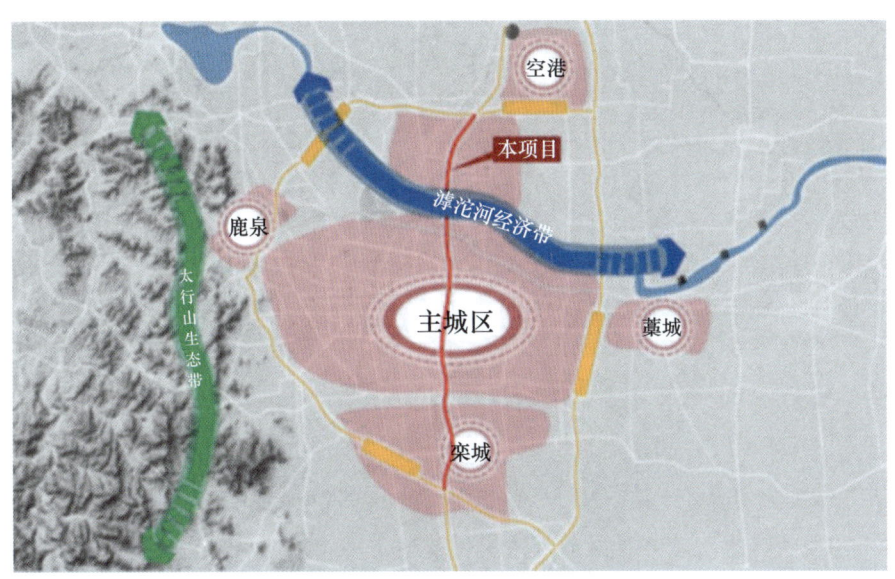

图9.2 石家庄市国土空间规划

复兴大街作为城市纵向交通廊道，实施提升改造后，复兴大街将承载"迎宾大道，都市中枢，活力画廊"的功能，快速拉近正定县城、栾城区与主城区的联系，促进组团融合，助力空间拓展；进一步促进"一主"与"四辅"之间的深度融合，承接滹沱河生态经济带辐射，加速城区交通的流动和扩散，实现石家庄都市区一体化发展。

(2) 重构骨架路网，实现快速集散

石家庄城区外高速主要有青银、京昆、津石、京港澳、新元、石太、黄石、西柏坡、张石连接线（中华北大街延伸线）、石赞线、南绕城等。城区内干道呈方格网加环形放射主骨架系统,外围辅以高速公路环的路网格局。当前石家庄市中心区土地利用度高,存在较强的交通吸引,道路服务水平较低,车流高峰时段拥挤严重,交通秩序不佳。城市各级道路也存在不同程度的机非、人车混行,严重影响道路通行能力。未来,通过本项目的建设可以重构石家庄骨架路网,完善城市内部交通结构,实现城市对外以及内部的交通快速集散;同时,促进城市周边区域干线公路与城市道路高效对接,加速形成干线公路、城市快速路、主次干路和支路搭配合理、布局均衡、能力匹配的新路网体系,进一步提升整个城市的交通服务水平,助推石家庄综合交通运输体系高质量发展。

(3) 优化生态环境,打造迎宾廊道

随着城市工业的发展,石家庄大气污染形势依然严峻,地形和气候因素是影响石家庄市大气质量的基本原因。《石家庄市国民经济和社会发展第十四个五年规划和二〇三五年远景目标纲要》中提出积极推进市区通风廊道建设,结合老城区改进加强通风。推进廊道规划设计,改善污染物扩散条件,减缓城市热岛效应;石家庄《通风廊道划定及管控规划研究》中提出六条一级通风廊道和十三条二级通风廊道规划方案及其相应管控要求,复兴大街所在廊道被划定为一级通风廊道,廊道宽度控制在 350~1000m,内部应由绿地水体林地或开敞空间(道路、高压线走廊等)组成,仅允许存在低密度、低矮建筑(建筑高度低于 10m),廊道内垂直于廊道方向的建筑物宽度应小于廊道宽度的 10%,并且禁止新建各类工业、采矿项目。

综上所述,复兴大街作为石家庄一级通风廊道,将承担城市通风、降温功能,利用道路本身及两侧绿化空间,发挥其通风潜力较大的优势,切割、打散道路东西两侧建成区的热岛,防治热岛连片,改善城区污染物扩散条件,改善城市气候环境。同时,复兴大街也将成为一条亮丽风景线,承担城市中心绿脉、文化气象场所、交通枢纽示范、地方活动延伸功能,使城市和道路完整而不割裂,保证生态效益、经济效益、景观效益的充分发挥,进一步做到"还空间于城市、还绿地于人民、还公共配套服务于社会",助推现代化、国际化美丽省会城市建设。

(4) 构建"拥河发展"格局

依据滹沱河生态经济带产业发展规划,未来石家庄将向北发展、拥河发展,如图 9.3 所示。到 2025 年,省会"拥河发展"格局雏形初具,现代服务业集聚发展格局初成。城区南岸将成为全市休闲目的地、商务服务中心、创新发展新天地,构建起沿岸生态带、文化带、景观带、产业带。

综上所述,推动石家庄"拥河发展",加快抢滩布局新经济、新业态,形成以城带乡、以中促边、东西共进区域格局,作为城市重大基础设施,需要提升全线工程品质、打造精品工程,增强经济带的战略支撑,确保与城市、区域发展相适应。

9.1.2 设计理念

通过对新正定段、城区段(滹沱河至南三环)和栾城段(南三环以南)三段的景观风貌的打造,全线品质提升,从风格、文化、品质三个方面来体现精品工程的打造。

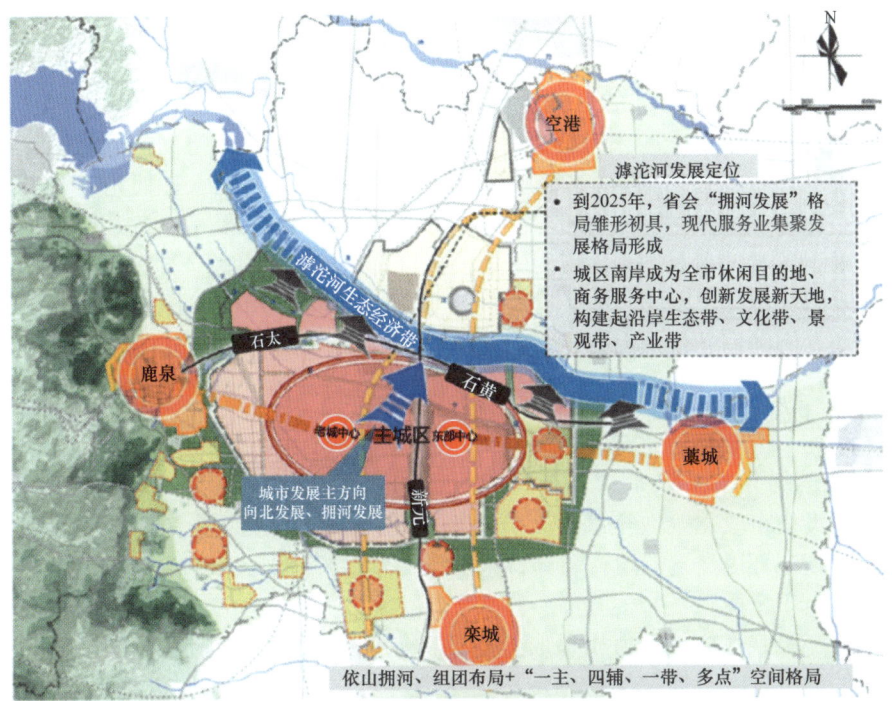

图 9.3 滹沱河生态经济带产业发展规划

1. 风格

注重打造独特的景观风格，将正定古韵与现代元素相结合，使得每一段都呈现出独具特色的城市面貌。无论是新正定段、城区段还是栾城段，都将展现出不同的建筑风格和景观风貌，彰显城市的多样性和包容性。

2. 文化

深入挖掘所处地域的历史文化底蕴，通过景观设计、建筑布局等手段，将当地的文化特色融入城市的发展中。正定的文化元素、城区的人文艺术、栾城的生态文明将贯穿于整个工程，为城市增添独特的文化氛围。

3. 品质

致力于提升工程的品质水平，从规划设计到施工工艺，精益求精，确保每一个细节都达到最高标准。无论是景观绿化、道路铺设还是建筑装饰，我们都追求卓越品质，为市民打造舒适宜居的城市环境。

通过风格的塑造、文化的传承和品质的提升，本项目将打造出一个兼具历史底蕴、文化内涵和现代品质的城市空间，成为石家庄的精品工程，展现城市的魅力和活力。

9.1.3 设计内容

复兴大街北起石家庄北收费站，南至石家庄南收费站，总长 35.4km。全线新建滹沱河景观特大桥 1 座、泊水公园景观桥 1 座，设置隧道 3 座，连通现有和规划的 40 条东西向道路，共同构建起拉开城市框架、支撑组团发展的骨架路网。

复兴大街市政化改造在设计阶段立足于建设现代化、国际化美丽省会城市，深刻领会"市政化改造"的内涵。在城市总体规划的基础上，该项目立足当下，着眼未来，重点在五个融入方面入手：一是交通设计与城市路网的融入；二是主辅路敷设与城市空间的融入；三是绿化景观与城市生态的融入；四是市政配套设施与城市服务功能的融入；五是品质提升与城市人文的融入，着力打造集"城市·交通·人文·景观"多功能为一体的复合廊道。

本项目在绿化、美化、亮化、净化上下足"绣花"功夫，提升城市"工程美学"品质，不断刷新群众出行"幸福指数"，确保与美丽省会城市相适应。

9.1.4 设计方案

1. 段落划分

复兴大街市政化改造全线主要分为新正定段、城区段（滹沱河至南三环）和栾城段（南三环以南）三段，各具特色。

（1）新正定段

在这一段，本项目致力于提取正定的深厚文化元素，塑造"古韵新译，自在正定"的城市风貌。通过保护和传承正定的历史文化，将古老与现代相融合，展现出独特的韵味和氛围。

（2）城区段（滹沱河至南三环）

这一段的设计重点是打造创新多元、人文艺术的城市空间。本项目致力于营造具有活力和创意的城市氛围，促进文化艺术的交流和发展，让城市成为文化创意的聚集地。

（3）栾城段（南三环以南）

这一段的目标是以回归生态为基准，为石家庄增添生态文明的底色，形成绿色生态、面向未来的城市格局。本项目将注重生态环境的保护和修复，推动城市向着更加可持续和宜居的方向发展。

通过优化和发展这三个段落，本项目将实现城市的多元发展，打造具有历史底蕴、文化氛围和生态美学的现代城市。

2. 材质、色彩设计原则

（1）新正定段

在正定段的设计中，本项目采用了正定古城墙、古塔以及标志性建筑物的颜色作为设计灵感，最终形成了"新正定色"，如图 9.4 所示。

① 铝板等金属材质。本项目选用了米黄色或趋近色作为主要颜色，这种色调与古城墙上的黄土色相呼应，展现出古朴温暖的氛围。米黄色给人一种稳重典雅的感觉，与正定古城的历史底蕴相得益彰。

② 涂料等材质。在使用涂料等材质时，我们也选择了米黄色或趋近色，以与金属材质相呼应，形成整体统一的色调。这种颜色的运用使得建筑物更加融入周围环境，营造出和谐舒适的视觉效果。

图 9.4 新正定段材质及色彩设计原则

③ 混凝土等材质。本项目采用了中灰色或趋近色作为主要颜色,这种色调与古城墙上的灰色相呼应,显现出坚实稳重的特点。中灰色给人一种沉稳厚重的感觉,与古塔的庄严气息相契合。

④ 钢材、砖等材质。本项目选择了蓝灰色或趋近色作为主要颜色,这种色调既有现代感又不失古朴,与周围环境和谐统一。蓝灰色给人一种清新典雅的感觉,与标志性建筑物的外观相呼应,增添了一份时尚与活力。

通过这种色彩搭配,我们既保留了正定古城的历史风貌,又融入了现代的设计理念,使得整个正定段呈现出一种独特的、具有新正定色彩的城市风貌。

(2) 城区段和栾城段

在城区段的设计中,本项目追求现代化的风格,建筑偏向大面积玻璃幕墙和铝板造型,以体现城市的时尚和活力;在栾城段,本项目更注重生态环境的保护和提升,整体开发力度相对较小,如图 9.5 所示。

① 铝板、钢材等金属材质。选用银灰色或趋近色作为主要颜色,这种色调既具有现代感,又显得高贵典雅。银灰色给人一种简约清爽的感觉,与现代建筑的风格相得益彰。

② 混凝土等材质。选择中灰色或趋近色作为主要颜色,这种色调与自然环境相协调,展现出城市的稳重感和厚重感。中灰色给人一种沉稳大气的感觉,与现代建筑的材质相呼应,增添了一分内敛与稳健。

图 9.5 城区段和栾城段材质及色彩设计原则

③ 个别点缀材质。采用深灰色、灰蓝色或深绿色作为点缀,以突出建筑的细节和层次感。这些深色系给人一种深邃神秘的感觉,为建筑增添了一份魅力和活力。

通过这种色彩搭配,城区段呈现出现代化、时尚的城市风貌,而栾城段则体现出生态环境、自然和谐的特点,使得整个工程在风格和氛围上呈现出丰富多彩的面貌。

3. 规划分析

根据复兴大街的路线特点和沿线功能区域的差异,将其划分为五个风貌区,分别为正定古城风貌区、门户形象展示区、魅力文化科创区、社区生活休闲区和田园活力体验区,如图 9.6 所示。在统一的规划框架下,根据各风貌区的特色和需求,分别制定相应的工程美学设计方案,实现整体统一、局部多样的效果。

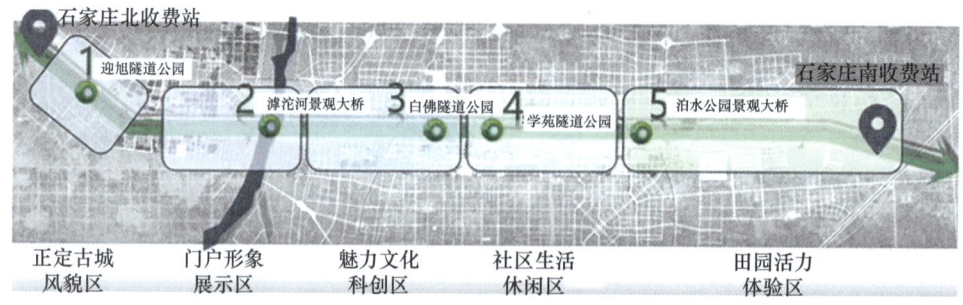

图 9.6 复兴大街工程美学策略分段

9.2 滹沱河特大桥结构美学设计

9.2.1 工程概况

滹沱河,古又称为虖池或滹池,是海河水系子牙河的上游支流之一,流经石家庄市平山县、石家庄市灵寿县、石家庄市正定县、石家庄市藁城区、石家庄市无极县、石家庄市晋州市、石家庄市深泽县等地。滹沱河周边自然风景优美,滹沱河城市森林公园是我国北方城市最大的城市森林公园,在缓解城市热岛效应、维护生态平衡、美化城市景观方面,具有其他城市基础设施不可替代的作用,为省会增添一处碧水蓝天、绿树鲜花、环境优美的城市绿地。该公园对提升石家庄市文化品位、改善石家庄市城区生态和景观环境,提高石家庄市整体美誉度具有十分重大的意义。

滹沱河特大桥是河北省正定县的一座跨河桥梁,位于正定县城南部,连接正定新区和正定老城,是复兴大街市政化改造的重要景观节点,段落上属于门户形象展示区。该桥梁全长约 800m,主跨 300m,桥塔采用钢-混组合结构以及钢结构。滹沱河特大桥塔高 123m,桥下净空 17.5m,是独塔独柱空间扭索面全漂浮体系斜拉桥,主桥布置如图 9.7 所示。

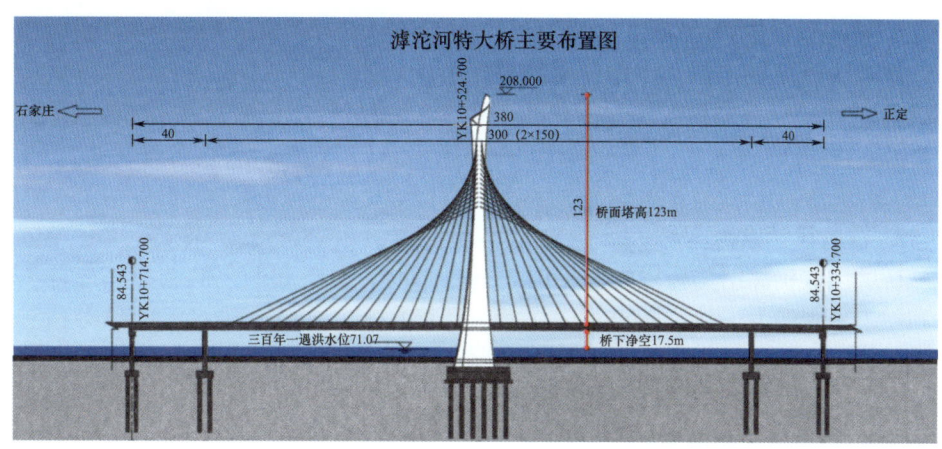

图 9.7 滹沱河特大桥主桥布置(单位:m)

9.2.2 设计目标

滹沱河特大桥的工程美学设计目标是将桥梁作为石家庄市的一个重要文化符号和现代化形象的展示,具体包括实现文化传承与现代融合、兼具景观与功能、体现生态友好、强化社会效益和经济效益、创造人性化空间和加强艺术性与创新性。

1. 实现文化传承与现代融合

设计中应融入石家庄的历史文化元素,如山水画卷轴造型的主塔,同时采用现代工程技术，展示城市的发展和时代精神。

2. 兼具景观与功能

桥梁不仅要满足交通功能，还要成为城市景观的一部分。设计应考虑夜景照明，使其成为城市的亮点。

3. 体现生态友好

在设计中应考虑生态保护和环境美化，使用环保材料，增加绿化，提升周边环境质量。

4. 强化社会经济效益

桥梁的设计应促进区域经济发展，提高交通效率，同时考虑建设和维护成本，确保经济可持续性。

5. 创造人性化空间

为行人和自行车提供安全舒适的通行空间，设置观景台和休息区，增强人们的使用体验。

6. 加强艺术性与创新性

设计应具有创新性，结合艺术和科技元素，提供丰富的视觉和感官体验。

9.2.3 设计原则

1. 桥塔设计原则

桥塔应具有标志性，作为桥梁的视觉焦点，同时反映出桥梁的结构力学和美学价值。设计应考虑创新性，采用独特的形状和材料，以提升桥梁的识别度和记忆点。桥塔的造型应与桥梁的整体设计语言一致，反映出地域文化和时代精神。

2. 桥墩设计原则

桥墩应在确保结构稳定性的同时，通过形状、材料和颜色的选择，与自然环境和城市景观融为一体。在设计中应考虑环境影响，如减少对水流的阻碍和对生态的干扰。桥墩的外观应具有简洁性，形式上与主塔匹配，在满足功能需求的基础上，通过细节处理增加视觉吸引力。

3. 桥梁造型设计原则

桥梁的整体造型应体现出力学美，通过线条和形状传达出结构的力量和动态。设计应追求简洁性和流畅性，避免过于复杂的装饰，以免分散视觉焦点。桥梁的色彩和材质应与周围环境相协调，同时考虑到耐候性和维护成本。

9.2.4 设计方案

1. 主塔的结构美学设计

城市景观桥梁一般有两种类型。一类是造型突出的标志性桥梁，强调的是彰显；另一类是与环境相协调的桥梁，强调的是融合。突出性桥梁不能给人以突兀的感觉，而融入性桥梁也不能给人以平淡的感觉。滹沱河特大桥的设计需要强调彰显其特色,并融入当地的历史文化特色。

滹沱河特大桥的设计理念源于正定县的历史文化及卷轴的灵感。卷轴是中国传统文化中的一种重要载体,承载着中华民族的智慧和艺术。卷轴有着独特的形式和美感,能够展现出画面的层次和变化,富有动感和韵律。

桥梁的主塔结构采用了由圆和椭圆轮廓组成的主受力结构柱和装饰卷边的组合,模仿了卷轴的卷曲和展开的效果。桥梁上设置了多种灯光效果,夜晚照明时如同一幅流光溢彩的卷轴,在黑暗中闪耀着光芒。

滹沱河特大桥不仅是一座实用性强、技术先进、安全可靠的交通工程,也是一座具有艺术价值、文化内涵、时代气息的建筑作品。它既彰显了石家庄的创新能力和发展活力,也代表了石家庄人民对美好生活的向往和追求。

2. 主桥上下部结构美学设计

滹沱河特大桥主桥上部采用钢箱梁,主塔为卷轴造型;下部桥墩采用与主塔一致的形式,风格上相匹配,并通过颜色将桥梁的整体风格进行统一,如图9.8所示。

图9.8 滹沱河特大桥主桥上下部结构美学设计

因桥墩数量较多,为了达到桥墩风格一致,尽量经济的目的,需要对确定方案形式后的桥墩进行参数及模板类型统计。

为了尽量减少模板数量并保证防洪要求,标准段桥墩的中墩和过渡墩尽量做成相同尺寸,悬臂长度大于15m的双柱墩采用2m厚的墩柱,悬臂长度小于15m的双柱墩及三柱墩采用1.8m厚的墩柱。适配各种尺寸后的桥墩效果如图9.9所示。

跨河堤路现浇梁桥墩、主桥过渡墩、主桥辅助墩和匝道墩设计方案如图9.10~图9.13所示。

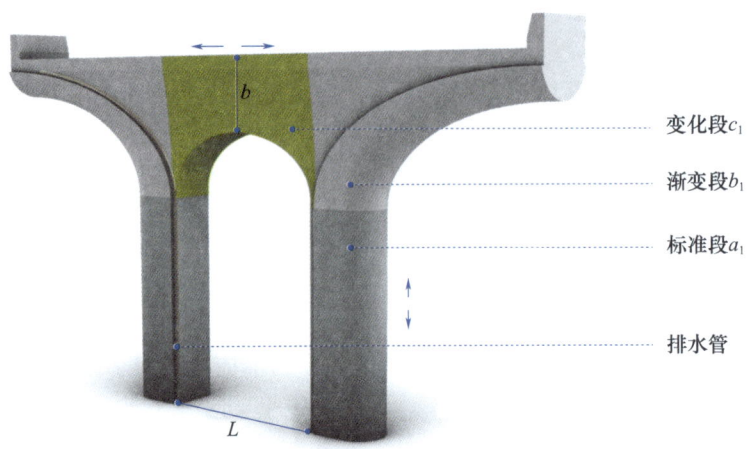

b—厚度；L—净间距。

图 9.9　适配各种尺寸后的桥墩效果

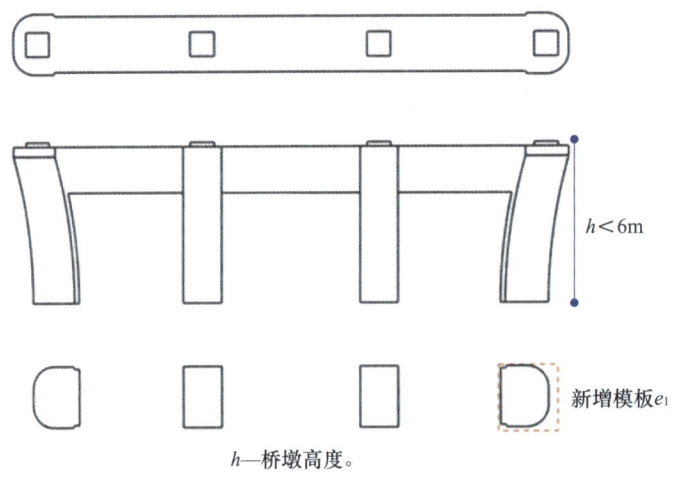

h—桥墩高度。

图 9.10　跨河堤路现浇梁桥墩设计方案组图

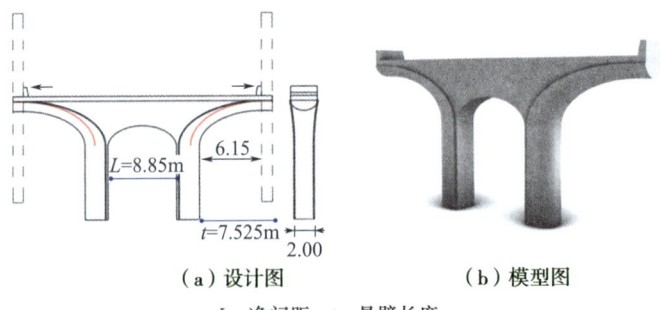

（a）设计图　　　　（b）模型图

L—净间距；t—悬壁长度。

图 9.11　主桥过渡墩设计方案（单位：m）

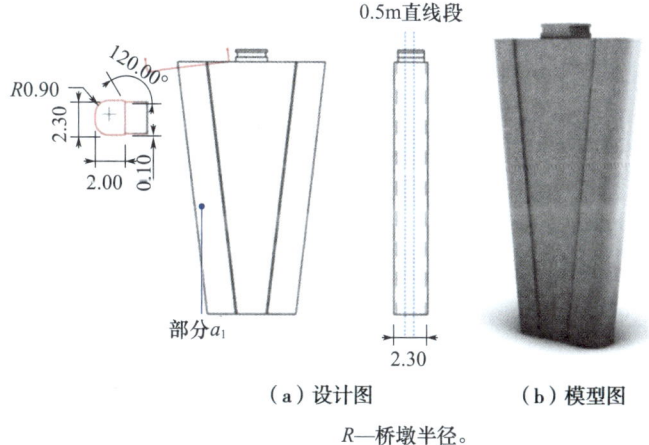

(a)设计图　　　　(b)模型图

R—桥墩半径。

图9.12　主桥辅助墩设计方案(单位：m)

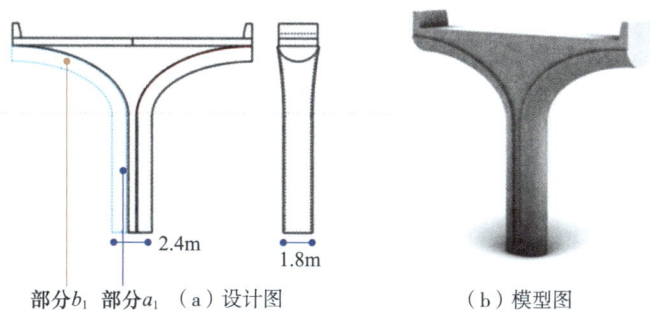

(a)设计图　　　　(b)模型图

图9.13　匝道墩设计方案

9.3　泊水公园特大桥结构美学设计

9.3.1　工程概况

复兴大街泊水公园为三环水系衍生公园，公园风景秀丽，景色宜人。泊水公园特大桥位于复兴大街主轴线的田园活力体验区，是本项目的重要节点之一。该桥梁全长约1km，跨越泊水公园河道，标志性强，以彰显的手法设计，主桥结构形式为中承式拱桥，跨径约130m。拱桥具有优美的曲线，它的形态兼容了人文景观和自然景观协调的特性。

9.3.2　设计目标

1. 体现标志性设计

作为项目的重点景观桥梁，泊水公园特大桥应该具备标志性，成为石家庄的新地标。它的外形、结构和照明设计应该吸引人们的目光，让人一眼就能认出这座桥梁。

2. 融入自然环境

考虑泊水公园特大桥所在的环境，如滹沱河的水面、周边的绿地和植被，桥梁的设计应该与自然融为一体，营造出绿色、生态的氛围。

3. 具备创新性和表现力

运用科技手段和智慧元素，创造富有想象力和表现力的工程作品。例如，可以考虑在桥梁上设置艺术装置、动态照明或交互式元素，以增强其视觉冲击力。

4. 突出人性化设计

考虑行人和自行车的通行需求，为桥梁设置人行道和自行车道。此外，增加休憩区、观景平台等设施，满足居民欣赏风景、休息等需求。

9.3.3 设计原则

泊水公园特大桥的设计原则细化到拱的造型和下部结构的造型，应该遵循以下几点原则。

1. 拱的造型设计美学原则

拱形应具有流畅的线条和优雅的弧度，凸显石家庄人民对美好生活的向往和追逐梦想的决心。拱的设计应考虑结构稳定性和视觉美感，确保既安全又具有艺术性。应用现代工程技术，通过创新的施工方法和材料，实现设计上的美学目标。

2. 下部结构的造型协调原则

下部结构应与拱形相协调，支撑结构应在不影响美观的前提下提供稳固的基础。结构的外观设计应考虑环境融合，与泊水公园的自然景观和谐统一。在设计中应注重细节处理，如材料的选择和表面的处理，以增强整体的美学效果。

9.3.4 设计方案

1. 主拱的结构美学设计

桥梁的顶部采用椭圆镂空和横撑的形式，既保证了桥梁的结构稳定性，又增加了桥梁的美观性和透光性，与泊水公园的水景相协调，营造出一种轻盈优雅生态的氛围，如图 9.14 所示。桥梁的颜色选择了纯净和清新的白色，与泊水公园的主题相呼应，体现了生态理念，也呼应了复兴大街全线的现代风格。

图 9.14　泊水公园特大桥概念方案设计

2. 主桥上下部结构美学设计

泊水公园桥上部结构采用直线钢箱梁设计,下部结构与拱肋风格保持一致,细节处理上以切角和曲直相接的轮廓为主,为后期的灯光设计预留造型上的考虑,如图 9.15 所示。

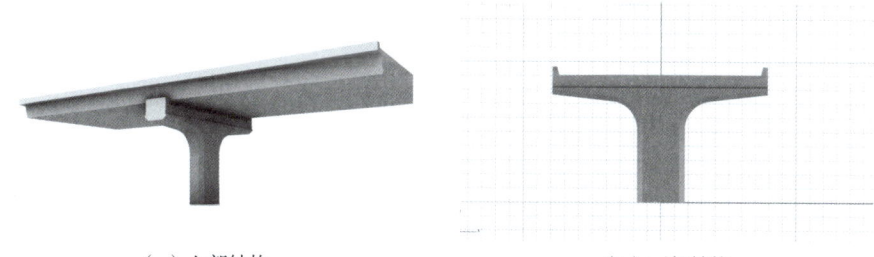

(a)上部结构　　　　　　　　(b)下部结构

(c)主桥上下部结构美学设计实景

图 9.15　主桥上下部结构美学设计

9.4　隧道遮光棚结构美学设计

9.4.1　工程概况

1. 迎旭门隧道

复兴大街迎旭门隧道出入口位于正定古城东部,段落上属于正定古城风貌区。正定古城是河北省的一座国家级历史文化名城,有 1600 多年的历史。隧道全长 1950m,遮光棚长度为 80m。天宁路至隆兴路段的地面与两侧规划公园连片打造正定中央花园,重构古城整体风貌。设计通过打通天宁路、迎旭路、隆兴路等东西向道路,将正定古城保护与正定新区有效地连接在一起,促进融合发展。

2. 白佛隧道

复兴大街白佛隧道出入口位于魅力文化科创区段落,隧道全长 710m,遮光棚长度为 80m,地上设置景观公园、南北向辅路,横向连通和平路、中山路、车站北路、跃进路,缝合两侧用地,消除城区割裂,提高区域开发价值。隧道出入口周边以工业用地和住宅用地为主,隧道遮光棚的设计应考虑现代科技的主题,满足光线过渡的同时应与周边的环境相协调。

3. 学苑路隧道

复兴大街学苑路隧道出入口位于社区生活休闲区段落,隧道全长 1280m,遮光棚长度为 80m，地上设置景观公园。学苑路北侧、塔北路南侧设置出入口，新建南北向辅道，与两侧城市路网连通，带动周边土地升值，为未来发展储备优质资源。隧道遮光棚的设计考虑人本自然的主题，保证光线过渡的同时与周边的环境相协调，打造地标性构筑物。

9.4.2 设计目标

隧道遮光棚是隧道及地下建筑工程出入口部分的建筑物之一，主要用于降低洞外亮度，减少光环境剧烈变化带来的视觉适应问题，从而降低交通事故的发生率。复兴大街隧道遮光棚结构美学设计的目标主要有以下两点。

1. 提高行车安全性

通过减少洞外光线直接照射到隧道内部等措施，在隧道遮光棚附近形成一个光过渡带，避免驾驶员在进入隧道时因光线等条件变化而产生的视觉不适，从而提高行车安全性。

2. 兼具功能性和景观美化

遮光棚除了具备挡风、防雨、阻雪、隔离噪声等功能外，也具有美化道路景观、改善周边环境的作用。

9.4.3 设计原则

复兴大街隧道遮光棚结构美学设计遵循安全性原则、生态设计原则、整体协调性原则、地域性原则和经济性原则。

1. 安全性原则

研究表明，人从始至终都对自身的安全有着极高的敏感性，会时刻关注着自己所在的生存环境的安全度，这个重要指标影响着人的行为习惯。随着社会的发展，保护人的生命安全已经是人类社会行为的首要问题，安全问题永远都不能轻视，因此在隧道遮光棚结构美学设计中，安全性（结构安全、交通运营安全）是首要原则。

2. 生态设计原则

生态设计理念强调尊重物种多样性，保护植物和动物的生存环境，减少对资源的开发和利用，有助于改善人类居住环境。生态设计是一种与自然相作用和相协调的设计方式，隧道遮光棚结构美学设计应在材料的选择、有害物的节制使用等方面体现生态设计原则。

3. 整体协调性原则

整体协调性原则要求隧道遮光棚与道路全线景观相统一，与当地自然、人文相协调，在保持全线景观整体性和节奏感的同时进行个体设计。

4. 地域性原则

地域性原则的本质是使隧道洞口景观与地方特色，如地域文化、地方自然环境、当地民间传统、个人审美偏好等相结合。类似于景观设计中的立面设计，隧道遮光棚能够呈现立体、直观的景观信息，是文化传递的重要载体。

5. 经济性原则

经济性原则不仅意味着节省投资,而且应该尽最大的努力,以最小的代价获得更好的视觉效果。与浮华的设计相比,结构简单、用材最少、文化内涵丰富的洞口景观设计才应该是第一选择。隧道洞口景观隧道遮光棚的设计应兼顾实用性和经济性,确保功能并与周围环境相协调;应充分考虑建设者的经济承受能力,以环境恢复为主要目的,维护自然生态的环境,尽量降低造价和后期绿化管护费。隧道洞口多位于野外自然环境,建筑材料应因地制宜。

9.4.4 设计方案

1. 迎旭门隧道设计

(1) 设计灵感

迎旭门隧道遮光棚的形态设计灵感来自古建筑元素,通过表达对正定古城千年历史的敬意,激起人们对于历史的记忆,并通过工程美学设计达到对地域文脉的延续。迎旭门隧道位于古城风貌区,遵循其地域文化融合性,遮光棚造型旨在对传统建筑符号进行凝练和抽象表达。

(2) 设计效果

从正定古城的图中可以看出,古建筑隐藏在连绵屋顶之下,组成了一个"举折屋顶的建筑群体",如图 9.16 所示。

图 9.16 迎旭门隧道遮光棚整体设计

中国传统建筑的立面基本上是由柱、枋、窗槅、挂落等线形构件勾画其基本轮廓的。即使像传统建筑的坡屋顶那样从几何角度来看是一个三维的形体,密密平行的瓦垄以及出挑的薄薄檐口也仍然使人强烈地感到它是由线条构成的平面。遮光棚顶面由多个三角形构成,构成不同角度的折面形体,呈现对传统建筑"举折屋面"的抽象表达,如图 9.17 所示。遮光棚顶面的直线随三角形方向的变化而变化,通过方向的选择和疏密的变换更加强了它的律动性和整体性。同时,通过杆件由密到疏的排布，满足遮光棚光过渡的使用功能。

图 9.17　迎旭门隧道遮光棚顶面设计

2. 白佛隧道设计

（1）设计灵感

白佛隧道是石家庄市复兴大街市政化改造工程的重点标段，被形象地称为复兴大街乃至全市的"城市之眼"。该段隧道设计结合周边城市风貌定位和城市更新背景，遮光棚形态以现代简约为原则，设计灵感来源于石家庄丝弦的伴奏乐器（月琴）的丝弦和高铁的形式。石家庄丝弦是河北省特有的古老剧种之一，高铁是现代化交通工具的代表。

（2）设计效果

白佛隧道遮光棚形态设计借鉴了丝弦乐器的线条，结合了传统与现代、动与静、柔与刚的特点，创造了一种富有变化和韵律的空间效果。隧道的入口和出口采用了弧形结构，模仿了高铁的动势，营造了一种科技创新的氛围，表达丝弦的旋律和高铁的速度，营造了一种流动和节奏感，如图 9.18 和图 9.19 所示。

图 9.18　白佛隧道遮光棚出入口设计

白佛隧道的形态设计既体现了石家庄丝弦这一非物质文化遗产的特色和价值，又展示了石家庄市作为现代化、国际化美丽省会城市的风貌和气质。

图 9.19　白佛隧道遮光棚内部设计

3. 学苑路隧道设计

（1）设计灵感

学苑路隧道的形态设计灵感来源于石家庄无极剪纸和悠然有序飞行的大雁。其中，无极剪纸是华北平原中部地区（无极县）的地方传统文化之一，是第一批通过的河北省石家庄市非物质文化遗产。它以宣纸为原料，用特制的刻刀对色纸进行加工而成，题材丰富、形式多样、古朴大方、纯真完美。

（2）设计效果

学苑路隧道遮光棚的形态结合了传统手工艺与现代技术的特点，创造了一种富有韵味的建筑空间效果。隧道外部采用了简洁明快的线条和色彩，营造了一种现代和时尚悠闲的状态，如图 9.20 所示。

图 9.20　学苑路隧道遮光棚外部设计

隧道的出入口采用了平板镂空形式，顶部的菱形镂空顶棚和简化的大雁形态，呼应了剪纸的特点和大雁的飞行姿态，营造了一种悠然有序的境界，如图 9.21 所示。

复兴大街学苑路隧道的形态设计既体现了石家庄无极剪纸这一非物质文化遗产的特色和价值，又展示了石家庄市作为现代化、国际化美丽省会城市的风貌和气质。

（a）效果（一）

（b）效果（二）

图 9.21　学苑路隧道遮光棚出入口设计

9.5　滹沱河特大桥夜景亮化设计

9.5.1　设计目标

滹沱河特大桥景观亮化设计范围主要包括桥侧、拉索以及桥塔区域，并在横撑处增加水帘布设区，如图 9.22 所示。

设计目标如下。

① 体现现代、时尚、和谐的夜景氛围，符合两座桥本身所蕴含的气质与内涵。

② 通过颜色搭配降低饱和度，采用高级灰，凸显桥梁夜景的高级感与现代感。

③ 主塔做精准投光，表现主塔本身的雄伟气势与独特的外观。

④ 桥梁拉索以线性发光的形式，配合主塔进行色彩变换，体现丰富的色彩和动态变化。

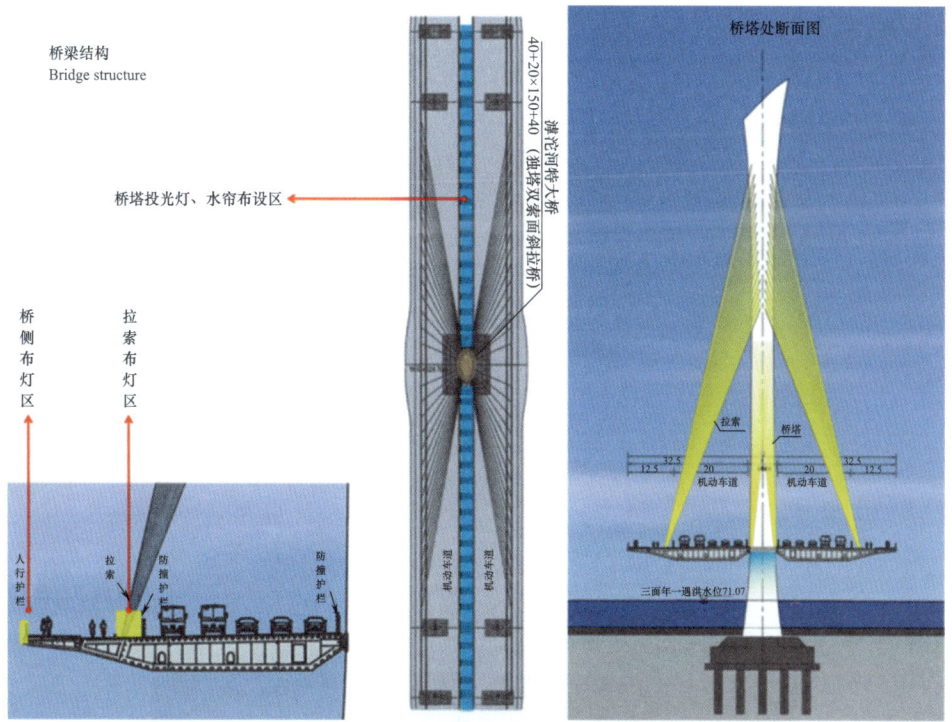

图 9.22　滹沱河特大桥景观亮化设计范围组图（单位：m）

9.5.2　设计原则

桥梁夜景亮化设计遵循以人为本原则、适时适度原则、地域特色原则、整体协调原则、绿色节能原则和长效管理原则。

1. 以人为本原则

根据滹沱河特大桥特点，需要合理考虑夜景灯光设计方案，满足市民、观光、休闲的日常需求。

2. 适时适度原则

合理规划滹沱河特大桥的灯光布置，使其与该桥的定位、功能、服务规模相匹配。

3. 地域特色原则

借助符合石家庄以及滹沱河特大桥文化特色的夜景照明手法，整体提升文化性和美观性。

4. 整体协调原则

根据城市发展规划提炼出设计主题，使整体设计统一协调，凸显滹沱河特大桥夜景特色。

5. 绿色节能原则

提倡节约能源、以人为本、绿色环保和独特创新，设计方案的照明方式与产品要节能环保。

6. 长效管理原则

保证城市夜景照明系统的统一控制和有效管理。

9.5.3 设计方案

1. 色彩提炼设计

滹沱河特大桥夜景亮化设计的色彩提炼部分主要包括"历史画卷""山水画卷""红色革命画卷"和"活力都市画卷"等四部分主题，颜色分别设计为象牙白，碧水青、青苔绿，榴花红，窈蓝色、藕荷色。

2. 模式设计

（1）平日模式

平日模式下，关掉水幕、部分桥墩和激光演绎灯，以简约美感为主要表现内容，在不影响正常交通的条件下，通过舒缓的灯光与色彩平缓交替提升景观桥梁夜景，如图 9.23 所示。

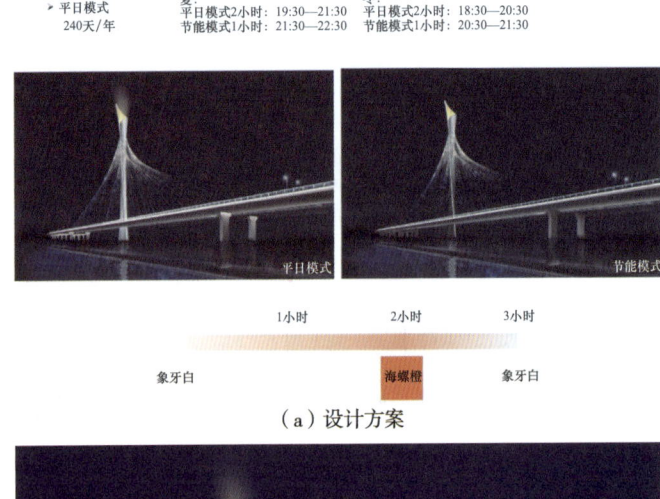

（a）设计方案

（b）设计效果

图 9.23 平日模式设计

(2) 节假日模式

在如春节、国庆等重大节日时，滹沱河特大桥夜景亮化特效全开，提前预设灯光与投射内容搭配自动模式切换，无须人为操作与调试，提升节日氛围，传递节庆正能量，如图 9.24 所示。

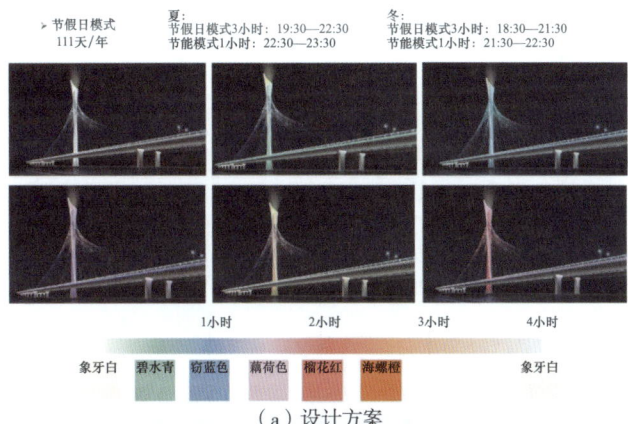

(a) 设计方案

(b) 设计效果（一）

(c) 设计效果（二）

图 9.24 节假日模式设计

3. 主题模式

不定期举办主题活动，音乐可配合射灯与图案，开启灯光秀模式，增加建筑美感；通过灯光秀的艺术形式演绎城市的美与形象，增加城市区域人气与经济活力；同时可以结合虚拟现实互动效果，以桥体灯光为基础，用手机程序辅助科技效果，增加桥梁与人的互通性，如图9.25所示。

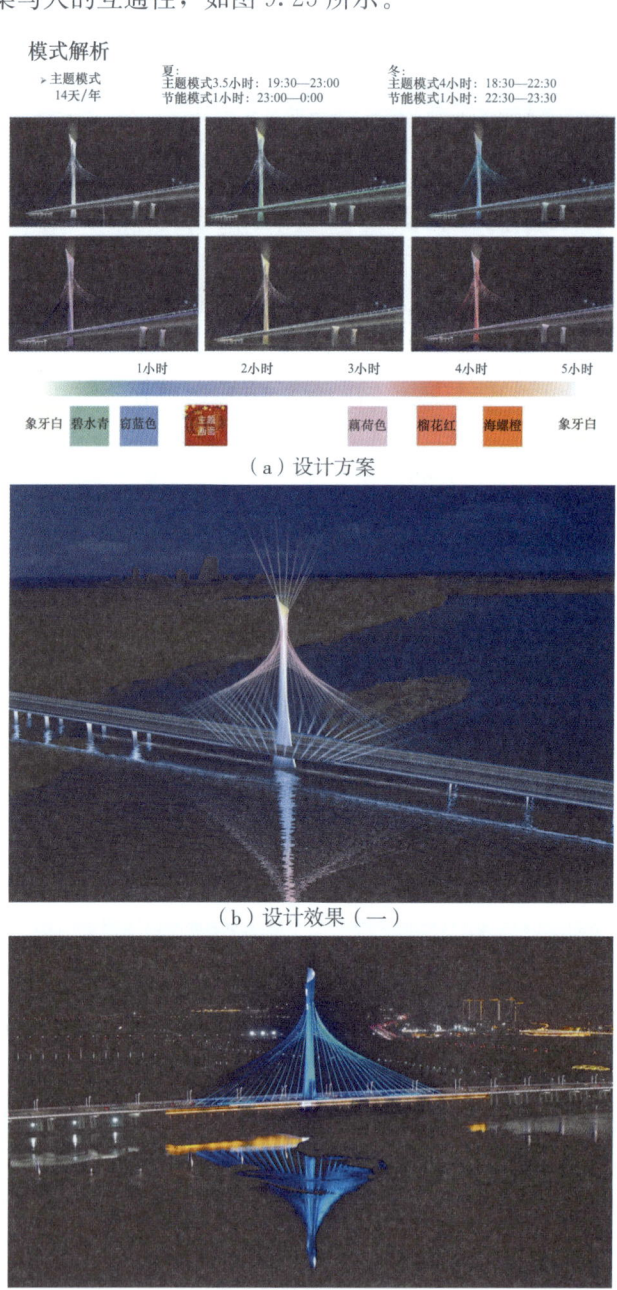

图 9.25　主题模式设计

9.6 附属工程美学设计

9.6.1 隔离设施

以石家庄复兴大街滹沱河特大桥护栏设计为例,如图9.26所示,方案一栏杆造型和主塔造型相匹配,立柱仿佛一个缩小的曲线小塔;结合带曲率的竖线条栏杆形成具有韵律的沿河人行栏杆;柱身的射灯需要做一块透明PE(polyethylene,聚乙烯)盖板。PE材料自带半透明属性,和灯光结合得更柔和自然。

图9.26 复兴大街滹沱河特大桥人行护栏方案一

如图9.27所示,方案二延续主塔扭转的造型,将主塔扭转的造型元素巧妙地应用于护栏的设计中,可以通过类似的曲线、旋转或扭转的形式来呈现。这样的设计不仅能够延续主塔的视觉效果,还能够为护栏增添独特的艺术氛围和视觉吸引力。同时,选择与主塔相似或相协调的材质和颜色,以确保护栏与主塔形成一致的视觉效果。

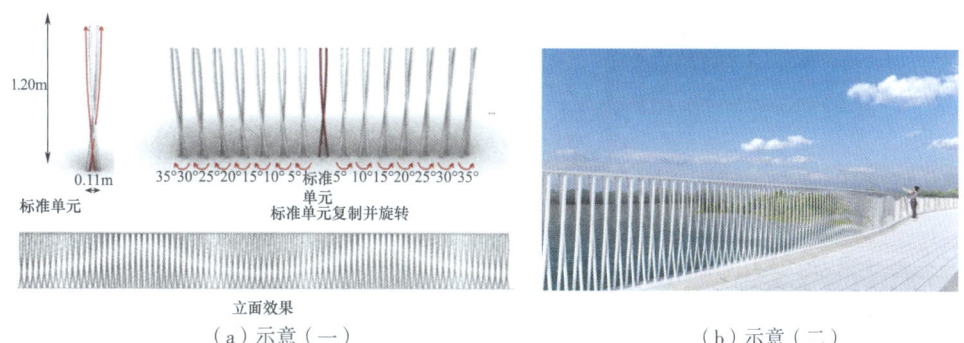

(a)示意(一) (b)示意(二)

图9.27 复兴大街滹沱河特大桥人行护栏方案二

9.6.2 路灯

在石家庄建设现代化、国际化美丽省会城市的目标下,复兴大街和北三环的路灯设计采用现代手法,但根据其所处区域的不同,赋予路灯不同的特色。

1. 复兴大街的路灯设计

如图 9.28 所示,复兴大街作为石家庄的南北复合廊道,路灯设计应突出现代化氛围。路灯采用流线型、简约现代的设计风格,凸显城市的时尚和活力,提升道路的整体美感,为市民提供更加愉悦的行走体验。灯光效果选择柔和的暖色调,营造温馨、舒适的照明氛围。

图 9.28 复兴大街路灯样式

2. 北三环的路灯设计

如图 9.29 所示,北三环作为城市的主要交通干道,路灯设计应注重功能性和安全性。路灯采用简洁、坚固的设计风格,强调实用性和耐久性。灯光效果选择较为明亮且均匀的色调,确保行车和行人的安全,提高路灯的照明效果和能见度。

图 9.29 北三环路灯样式

在设计上可以考虑添加交通信号灯、行人过街信号灯等智能交通设施,以及提升交通通行效率的多杆合一设计。

3. 共同特点

在两个区域的路灯设计中,都可以采用节能照明技术和智能控制系统,提高能效性和智能化水平。在路灯设计中融入城市的文化和历史元素,体现石家庄作为美丽省会城市的文化底蕴和历史传承。路灯设计与周边建筑和环境相协调,既突出个性化设计,又不脱离城市整体的风貌和氛围。

根据复兴大街和北三环的不同特点和功能需求进行路灯设计,可以使两个区域的路灯在现代化、国际化美丽省会城市的建设目标下,各具特色,彰显城市的魅力和品位。

9.6.3 标识标牌设计

以石家庄复兴大街标识标牌设计为例进行分析。在石家庄建设现代化、国际化美丽省会城市的目标下,复兴大街标识标牌设计根据其所处区域的不同,赋予标识标牌不同的特色和文化内涵。如图9.30所示,通过对设计元素进行凝练,正定区段提取塔檐元素,塑造"新正定"城市风貌;城区段提取丝带元素,使用动感曲线线条,丰富空间形态;栾城区段提取植物元素,为石家庄添加生态文明底色。

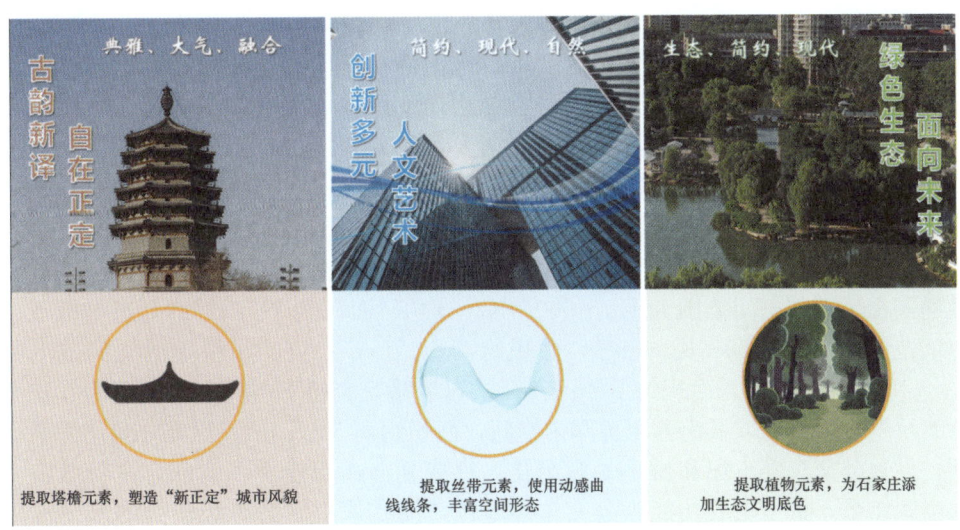

图9.30 石家庄复兴大街标识标牌设计元素组图

9.6.4 桥下空间

以石家庄北三环桥下空间设计为例进行分析。北三环(原石太、石黄高速城区段)市政化改造项目西起石家庄西收费站,东至石家庄东收费站,总长35.1km。该项目由双向4、6车道高速公路改造为双向12车道市政道路,全线设置桥梁25座、立交9座、进出口18对,连通现有和规划的31条南北向道路,共同拉开城市发展框架，成为省会北部交通主干道、城市快捷路。

如图 9.31 所示，该设计包括 12 处高架桥下空间和 2 处互通立交桥下空间，分别分布于北三环道路沿线。结合石家庄市北部片区周边用地性质，因地制宜、综合考虑多种功能的综合利用，提高空间利用效率与效益，满足市民休闲娱乐、体育活动、文化交流和生活服务等不同的使用需求，打造规模不同且各具特色的特色空间。将桥下空间建设成市民活动的新场所，为不同的使用者提供各种活动和体验。桥下空间的设置首先服务周边市民，构建多种促进交流和活动的场景，如体育健身、儿童游乐、休憩休闲、商业集市、餐饮咖啡等，营造生机蓬勃和具有高度可识别性的空间。

图 9.31 石家庄北三环桥下空间分布位置图

按照绿化形式及内容，石家庄北三环桥下空间设计可分为桥下绿化设计和桥下绿化景观区设计。桥下绿化设计要求桥区内部与桥区绿化相融合，营造桥上行车视线疏朗开阔的桥区整体景观；桥下绿化景观区设计要求在不妨碍石家庄城市交通组织的前提下，与周边环境、路网结合，充分利用桥下空间，本着以人为本的原则，增加休闲、娱乐等综合功能。

1. 各区域桥下空间面积

植物园街、生态街、启明街和石清路立交桥下空间面积共约 7.3 万 m^2，其中，植物园街桥下的空间范围为 K1+900—K2+240，面积约 1 万 m^2；生态街桥下的空间范围为 K3+000—K3+100，面积约 0.29 万 m^2；启明街桥下的空间范围为 K4+195—K4+405，面积约 0.45 万 m^2；石清路立交桥下空间利用范围为立交区所有桥下投影面积以及南侧匝道圈内空间，面积约 5.56 万 m^2。为充分利用桥下空间，设置公交车停车场和桥下景观绿化，打造复合式功能桥下空间，完善城市交通空间体系。桥下主要功能为公交车停车位，铺装采用耐磨等级较高的水泥混凝土，绿化景观主要以耐阴的卫矛和石楠球搭配种植，种植间距 1.5m，转弯处的植物统一为石楠球，高度 1m，满足安全行车视距要求。

太行大街立交桥下空间利用范围为立交区内所有桥下投影面积以及南侧两个匝道圈内空间，面积约 7.7 万 m^2。桥下设置社会停车场，通过桥下步道联系石家庄环城绿道。路面铺装采用混凝土沥青，停车位采用植草砖形式布设，绿化主要以乔木、灌木和地被植物搭配，形成四季有绿的景观效果，与环城绿道整体形象相得益彰。

跨太平河主、辅桥下空间面积约 3.2 万 m^2，结合现有太平河公园景观优势，通过桥下布设亲水绿道、立体绿化和桥墩涂装，充分融合现有生态资源，保护及补全生态景观。同时增添景观广场,一同打造亲水休憩场所。

胜利北大街、友谊北大街和古屏街桥下空间面积约 1.16 万 m²,通过具体有活力的色彩进行涂装,搭配色彩铺装,充分消除桥下空间单调及压抑感,同时增添景观装置艺术,如花池、座椅等人性化设计,丰富桥下视觉景观。

体育北大街段桥下空间面积约 4.1 万 m²,根据周边居民环境,设置运动广场、儿童乐园、停车场等设施,释放出功能更复合的绿地公园,让人能够参与融入其中,提升市民的幸福指数。

2. 桥下停车场设计

如图 9.32 所示,将植物园街桥、生态街桥、启明街桥三处桥下空间均设计为停车场空间。这三处节点处来往车流量较大,是较为典型的城市交通空间节点,桥下空间也需要承担部分的城市交通功能,所以按照此处的城市空间需求将其设计为停车场空间,能够提供一定的城市停车功能。按照不同的功能需求,有的桥下空间设计为小汽车停车位空间,有的桥下空间设计为大型车辆停车位空间。这种类型的桥下空间缓解了城市交通压力,满足了周边人群的需求。

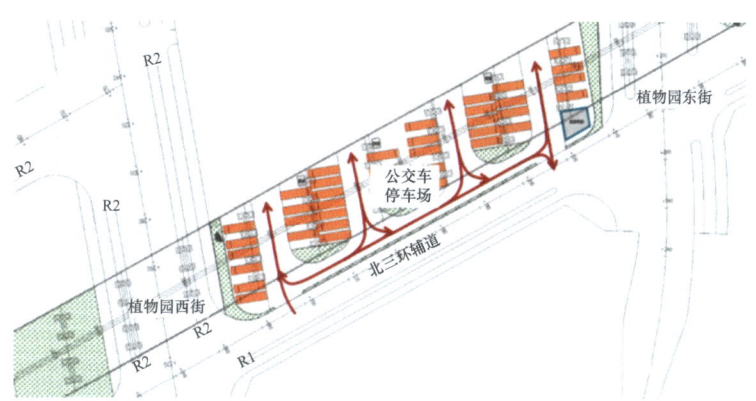

(a)方案图

(b)效果图

图 9.32 桥下空间公共停车场设计

3. 重要节点型空间设计

如图 9.33 所示,胜利北大街、古屏街、友谊北大街三处桥下空间被设计成了城市重要节点空间。节点型城市空间多位于城市建成区的内部,周边区域内的建筑较为密集,这种桥下空间往往被城市建筑所包围,来往人流和车流量都较大,是重要的城市空间节点。规划设计节点型城市空间要格外注重空间的景观视觉效果,注重人的使用需求,力求将桥下空间设计为具有城市特色的景观空间,通过桥墩彩色涂装、地面艺术彩色混凝土铺装和景观装置等设计手法,一方面能给来往车辆带来美好的视觉感受;另一方面也能满足人们的茶余饭后休闲交流的使用需求。整体风格考虑与周边建筑的风格相互协调,与城市整体融为一体。

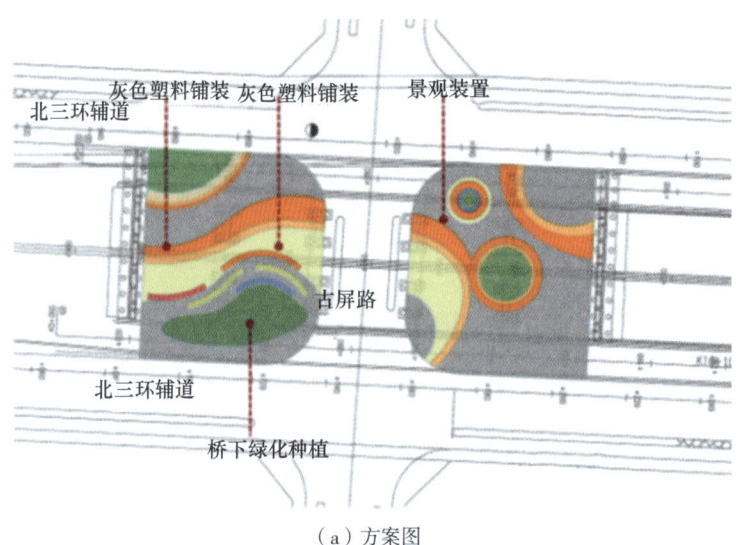

(a)方案图

(b)效果图

图 9.33 桥下空间重要节点设计

4. 桥下公园型空间设计

图 9.34 所示为将部分桥下空间设计成桥下公园。桥下公园型的公共空间可以很好地服务周边的居民，提升周边居民对公共空间的兴趣，增加城市空间的活力。高架桥经常给人一种冰冷和呆板的感觉，通过在桥下公园中增加植物设施、景观设施及趣味的公园各种活动空间，能很好地缓解高架桥给人带来的这些负面感受。所以在桥下公园的设计中，将儿童活动区、游乐场、运动场、健身器材、景观设施及灯光等设施融入公园的设计中，给老人和儿童都提供了一个良好的活动和交际空间，同时采用彩色花卉植物、沥青、装涂、艺术雕塑、彩色灯光等活泼的、鲜艳的景观要素，大大丰富了桥下空间的色彩，给人带来了较强的视觉冲击力，让人耳目一新。

❶ 潭沱广场　❷ 波浪草坪　❸ 滨河观景平台　❹ 潭沱舞台　❺ 卫生间
❻ 智慧售卖亭　❼ 活动空间

（a）方案图

（b）效果图

图 9.34　桥下公园型空间设计效果

参考文献

[1] 陈艾荣，盛勇，钱锋．桥梁造型［M］．北京：人民交通出版社，2005．
[2] 陈秋盛．城市道路路段人性化交通设计方法研究［J］．工程建设与设计，2020（15）：68-70．
[3] 程晨，张晓瑞，许倩雯．城市道路景观亮化设计研究［J］．成都工业学院学报，2018，21（4）：48-51．
[4] 丁建明，曹菲，景国庆．景观桥梁美学实现设计理论与方法［M］．南京：东南大学出版社，2022．
[5] 丁雷．美学理念在建筑设计中的表达探究［J］．工程建设与设计，2021（12）：20-22．
[6] 格兰特·W·里德．园林景观设计：从概念到形式［M］．2版．郑淮兵，译．北京：中国建筑工业出版社，2010．
[7] 何秄傤，何晓鸣，陆蓉，等．生态道路与建筑美学［M］．北京：化学工业出版社，2016．
[8] 胡长龙．城市道路绿化［M］．北京：化学工业出版社，2010．
[9] 李超德．设计美学［M］．合肥：安徽美术出版社，2004．
[10] 李国锋，叶飞．公路隧道洞口美学及典型景观设计案例分析［M］．北京：人民交通出版社，2017．
[11] 李蓉，胡小英，黄春亮．道路设计景观美学探讨［J］．工程建设，2020，52（7）：46-49，58．
[12] 李世鑫．市政工程与道路桥梁建设［M］．沈阳：辽宁科学技术出版社，2022．
[13] 李亚东．桥梁工程概论［M］．4版．成都：西南交通大学出版社，2020．
[14] 梁业颖．LED在桥梁景观照明中的应用探析［J］．设计艺术研究，2012，2（1）：22-25，30．
[15] 林同炎，S D 斯多台斯伯利．结构概念和体系［M］．2版．高立人，方鄂华，钱稼茹，译．北京：中国建筑工业出版社，1999．
[16] 林长川，林琳．桥梁设计美学［M］．北京：中国建筑工业出版社，2014．
[17] 刘佳，何乔，苏恩杰，等．公路隧道洞口景观构景元素分析［J］．同济大学学报（自然科学版），2023，51（4）：485-494．
[18] 刘经强，刘岗，段向帅．城市道路工程设计［M］．北京：化学工业出版社，2017．
[19] 刘军，高海亮，房宝智．市政景观桥梁设计实践：以滨海城市某大型景观桥为例［M］．青岛：中国海洋大学出版社，2023．
[20] 刘世明，陈震，陈贡联，等．景观桥梁设计与实践［M］．北京：中国水利水电出版社，2018．
[21] 罗仁友．浅论城市中小型景观桥梁的设计［J］．工程建设与设计，2016（18）：72-73．
[22] 孟繁斌．碳中和视角下的道路景观设计：以中吴大道西延智慧快速路工程1标段为例［J］．工程建设与设计，2024（24）：70-72．
[23] 孟磊，王冠．桥梁景观照明设计中的文化性探析：以某市开发区桥梁景观照明设计方案为例［J］．科技创新导报，2012（5）：136．
[24] 牛盛楠，王立雄，杨现国．浅谈桥梁的夜景照明［J］．灯与照明，2006（4）：16-18．

［25］潘世建，杨盛福．桥梁景观［M］．北京：人民交通出版社，2001.
［26］秦顺全．走近桥梁［M］．武汉：华中科技大学出版社，2021.
［27］盛洪飞．桥梁建筑美学［M］．2版．北京：人民交通出版社，2009.
［28］孙丙湘．道路绿化和美化工程［M］．北京：人民交通出版社，1983.
［29］孙宏伟，曹志军，张永福．隧道工程［M］．成都：西南交通大学出版社，2021.
［30］王卿，王凯，邓丹平．功能照明和桥梁景观的一体化设计［J］．灯与照明，2012，36（2）：29-32.
［31］王耆，李娇娜．市政道路工程［M］．成都：西南交通大学出版社，2017.
［32］夏欣源，许鹤，谢庆龙．低碳理念下的城市道路植物景观绿化设计研究［J］．工程建设与设计，2023（7）：123-125.
［33］项海帆，等．桥梁概念设计［M］．北京：人民交通出版社，2011.
［34］熊广忠．公路美学概论［M］．北京：人民交通出版社，2014.
［35］熊广忠．论道路美学［M］．北京：人民交通出版社，2009.
［36］徐利平．城市桥梁建筑理论［M］．上海：同济大学出版社，2018.
［37］徐利平．当代桥梁美学［M］．上海：同济大学出版社，2022.
［38］闫波，姜蔚，王建一．工程美学导论［M］．哈尔滨：哈尔滨工业大学出版社，2007.
［39］杨帆．景观美学视角下的公路沿线空间优化设计［D］．大连工业大学，2020.
［40］杨士金，唐虎翔．景观桥梁设计［M］．上海：同济大学出版社，2003.
［41］杨鑫．公路隧道景观对驾驶心理调适作用规律研究［D］．重庆交通大学，2021.
［42］岳红记．路域传承的文化：地域文化环境下的高速公路景观设计研究［M］．广州：世界图书出版广东有限公司，2015.
［43］张先勇．道路与桥梁工程美学［M］．武汉：华中科技大学出版社，2008.
［44］赵德龙，刘万共．道路绿化［M］．北京：人民交通出版社，2005.
［45］朱尔玉，刘磊．桥梁文化与美学［M］．北京：北京交通大学出版社，2019.
［16］朱光潜．西方美学史［M］．南京：译林出版社，2024.
［47］朱军贤．城市道路美学影响因素分析［J］．城市道桥与防洪，2021（3）：34-35，39，11.